TRAUMSTRASSEN ITALIEN

Unterwegs im Land, wo die Zitronen blühen:
Bis heute sind die Fahrten über die Berge ans Meer ein Traum für alle,
die den Hauch des Südens spüren und die Liebenswürdigkeit, Heiterkeit
und kulturelle Vielfalt Italiens erleben wollen.

Schönheit aus einer anderen Welt: die Lagunenstadt Venedig.

Cetraro an der Zedernküste in Kalabrien, Süditalien. ▷

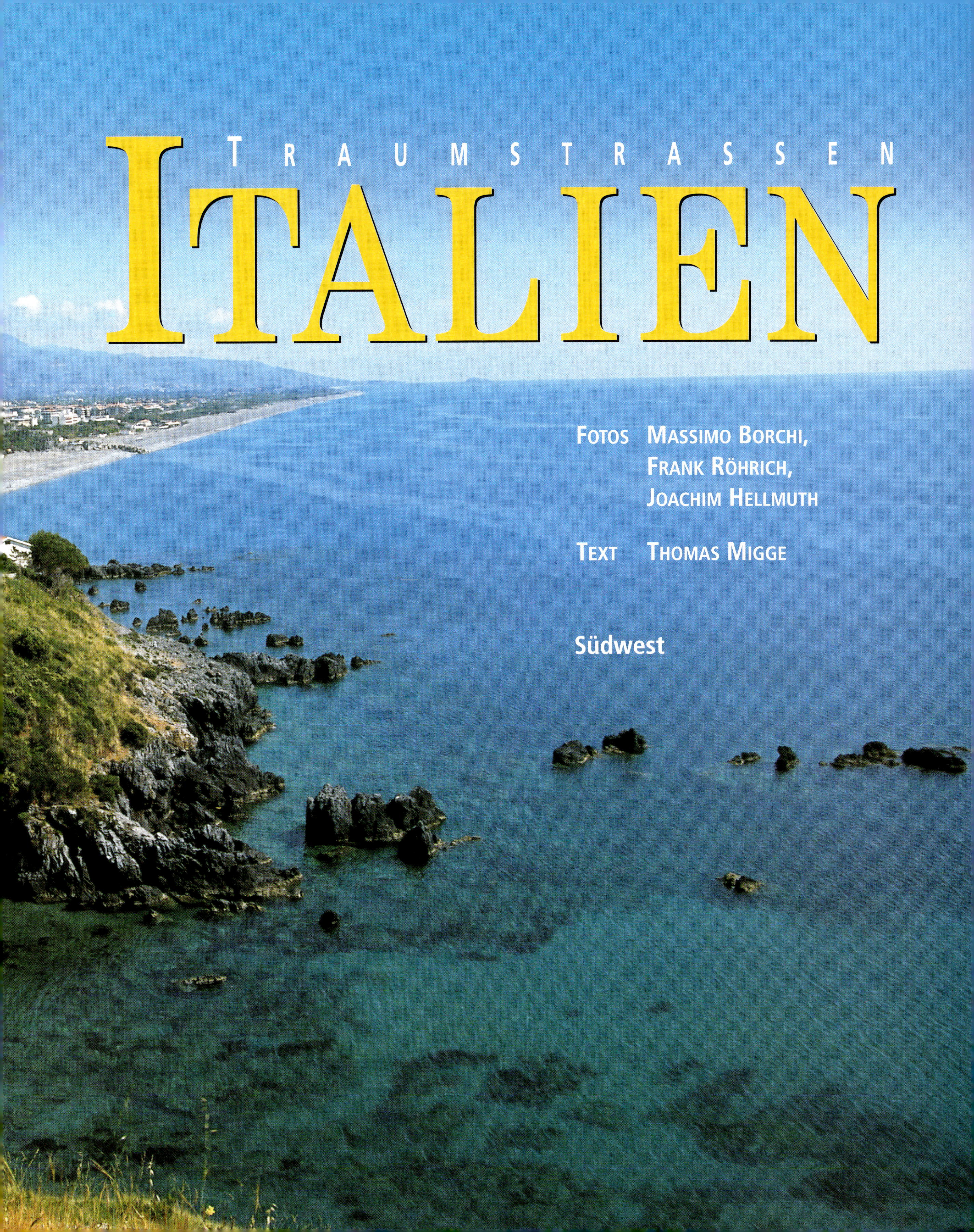

Traumstrassen
ITALIEN

Fotos Massimo Borchi, Frank Röhrich, Joachim Hellmuth

Text Thomas Migge

Südwest

Das Phänomen Italien

Angrenzende und verbindende Routen finden Sie in dem Band Alpenländer dieser Reihe.

ROUTE 5

ROUTE 6

ROUTE 7

ROUTE 8

ROUTE 2

Vom Aostatal an den Lago Maggiore. *Die rauhe Bergwelt und eine liebliche Seen- und Küstenlandschaft liegen hier sehr nahe nebeneinander und verquicken in einer reizvollen Symbiose nördliche Schroffheit mit südlicher Heiterkeit. Hier zählen Autos ebenso zu den »Kulturgütern« wie alte Palazzi.*

ROUTE 4

Durch die Toskana und Umbrien. *Schlanke Zypressen, weite Flächen und gelbrote Dörfer auf sanften Hügelkuppen: Die Mitte Italiens mit so zauberhaften Städten wie Florenz, Todi und Siena gehört immer schon zu den Urlaubsklassikern dieses Landes, dessen typisches Gesicht sie geprägt haben.*

ROUTE 5

Rundfahrt durch Latium. *Diese Region muß sich hinter Mamma Roma nicht verstecken: Kaiserliche und päpstliche Sommerresidenzen, verwunschene Gärten und tiefblaue Vulkanseen, üppige Weinberge und sanfte Hügel machen sie zu einem Ferienziel für jeden Geschmack.*

ROUTE 8

Durch Sizilien und Sardinien. *Die beiden größten Inseln Italiens locken mit uraltem Kulturgut, einzigartigen Kunstschätzen und geheimnisvollen steinernen Zeugnissen der Vorgeschichte ebenso wie mit überwältigender Natur und Traumstränden.*

Die Routen

Durch Venetien und Friaul. *Italiens Nordosten hat die Alpen im Rücken und die Adria vor der Tür. Damit vermochte diese Region mit ihren alten und neuen Metropolen wie Trient, Venedig und Triest von jeher die Fremden – Eindringlinge wie auch Gäste – in ihren Bann zu schlagen.*

Von Mailand nach Loreto. *In Städten wie Parma oder Modena mit ihren Spezialitäten stand die Wiege der italienischen Kochkunst; doch auch Hochburgen der Renaissance, wie Urbino, und andere Schätze der Kunstgeschichte lassen sich hier entdecken.*

Durch Apulien und die Basilicata. *Absatz und Sporn des Stiefels haben nicht nur Meer und unberührte Natur abseits der Touristenpfade zu bieten: In der Heimat von Stauferkaiser Friedrich II. kann man Geschichte hautnah erleben und Zeitreisen in Antike, Mittelalter und Barock unternehmen.*

Von Neapel nach Reggio di Calabria. *Die Tage sind vorbei, da Kampanien und Kalabrien hinter anderen Regionen zurückstehen mußten: Hier verbindet sich die klassische Kulturlandschaft mit der unvergleichlichen Schönheit der amalfitanischen Küste.*

Weites Land der Crete: Ihre Stimmungen und Konturen lassen jedes Fotografenherz höher schlagen.

Das Phänomen Italien

Auch Geheimrat Goethe – den sein Vermieter in Rom, Tischbein, hier in der römischen Campagna malte – lernte auf seinen »italienischen Reisen« die Vielfalt des Landes, in dem die Zitronen blühen, kennen.

Lebensfreude, Temperament und Nonchalance sind jedem Italiener in die Wiege gelegt.

Italien ist ein ungewöhnliches Land – vielleicht sogar Europas ungewöhnlichstes und überraschendstes. Diese gewagte Behauptung ist, wenn man von Kunst und historischen Monumenten spricht, sogar offiziell abgesegnet: Der UNESCO zufolge befinden sich auf dem italienischen Stiefel rund 70 Prozent des gesamten Weltkulturerbes – von den höchst abwechslungsreichen Reizen der Natur ganz zu schweigen, denn: Italien verfügt beispielsweise über einige der schönsten, größten und wildesten Naturschutzparks Europas, in denen Wölfe und Bären leben, und in Süditalien finden sich gar einige der dichtesten Wälder mit den höchsten Bäumen in ganz Europa.

Italien bietet aber noch viel mehr als »nur« herrliche Landschaften und Städte, die vor Kunst nur so überquellen. Seine einzelnen Regionen offenbaren immer andere Überraschungen und können nicht einfach über einen Kamm geschoren werden; ja, selbst den Italienern erscheint ihr eigenes Land so vielseitig und unbegreiflich, daß es, um es mit den Worten des Triester Schriftstellers Claudio Magris auszudrücken, »alle Widersprüchlichkeiten und alle Schönheiten der Welt in sich zusammenfaßt«.

Wer den Satz in die Runde wirft: »Ich kenne Italien und die Italiener«, ist also entweder ein Halbgott oder – und das ist wahrscheinlicher – ein »spaccone«, ein

Gegensätze, die keine sind: Palazzi und Ferraris, Kultur und Narzißmus gehören zu Italien wie Pasta und Papst.

Schon immer waren die Italiener ein bewegliches Volk: Ob zu Zeiten Ben Hurs im Streitwagen, in den Anfängen des 20. Jahrhunderts mit dem Automobil oder per High-Tech-Rad auf dem Giro d'Italia – kein Weg war und ist ihnen zu weit, um ihr Ziel zu erreichen.

Angeber. Denn wenn schon Goethe zugab, daß ein ganzes Leben nicht ausreiche, um Rom kennenzulernen, dann muß derjenige – so der neapolitanische Schriftsteller Luciano De Crescenzo – »der dieses Land und seine Bewohner im Ganzen versteht, erst noch gebacken werden«.

Campanilismo. Der Stolz auf das Heimatland, auf Traditionen, auf den eigenen Geburtsort und berühmt gewordene Landeskinder hat in der italienischen Geschichte allerdings auch den sogenannten »campanilismo« hervorgerufen. Das Wort kommt von »campanile« – dem Kirchturm – und umschreibt die Fixierung auf die eigene Ortschaft, auf all das, was im Blickwinkel der höchsten Erhebung eines Ortes, also des Kirchturms, geschieht. »Campanilismo« meint damit die chronische Blindheit für alles, was außerhalb des eigenen Umfeldes liegt. Dabei handelt es sich um ein italienisches Phänomen, dessen historische Wurzeln sicherlich in einem Italien zu suchen sind, das in viele kleine Staaten aufgeteilt war. Der »campanilismo« ist aber auch dafür verantwortlich, daß der Zentralstaat, der »Vater Staat«, in Italien immer nur die Idee einer aufgeklärten intellektuellen und politischen Minderheit blieb.

Das daraus resultierende fehlende Bewußtsein für den eigenen Staat, für die Pflichten, die man seinem Land gegenüber hat, drückt sich nicht nur darin aus, daß nirgends sonst in Europa so viele Steuersünder zu finden sind wie hier. Auch die Existenz von »Tangentopoli« – Europas bislang größtem Korruptionsnetz zwischen Politikern und Unternehmern, das 1992 aufgedeckt wurde – läßt sich tatsächlich nur vor diesem Hintergrund erklären.

Nun sollte man meinen, daß in einem Land, in dem der Papst residiert und in

dem fast 90 Prozent der Bevölkerung katholisch sind, Korruption und Mafia, Steuerhinterziehung und Schmiergeldzahlungen eigentlich seltener anzutreffen sein sollten, als anderswo. Weit gefehlt! Das italienische Motto: »Erst sündigen, dann beichten, dann von vorn beginnen«, ist der Nährboden für all die kleinen und großen Regelverstöße *all'italiana*.

Identitäten und Dialekte. Dazu gesellt sich der Umstand, daß die Italiener über keine einheitliche Identität verfügen: »Die Italiener« gibt es eben nicht. Als die Halbinsel in der zweiten Hälfte des letzten Jahrhunderts politisch geeint wurde und der Papst sich nach dem Verlust seines italienischen »Kirchenstaats« grollend hinter die vatikanischen Mauern zurückzog, sagten sich die Politiker: Da wir Italien geeint haben, müssen wir nun noch die Italiener schaffen – ein Unterfangen, das bis heute noch nicht realisiert werden konnte. Auch wenn die internationale TV-Kultur und das mehr oder minder homogenisierte Konsumentenverhalten in Italien so manche Tradition über Bord geworfen haben, bestehen zwischen Süd-, Mittel- und Norditalienern immer noch Unterschiede, die den Eindruck erwecken, daß in Italien Menschen unter einen politischen Hut zusammengebracht worden sind, die eigentlich nicht viel miteinander zu schaffen haben – weder historisch noch kulturell.
Wer einmal von Norden nach Süden fährt, wird merken, wie unterschiedlich nicht nur die Dialekte sind, sondern auch die Menschen und ihre Traditionen: Der Dialekt der Emilia-Romagna etwa ist fast unverständlich für die nicht einmal zwei Autostunden entfernten Florentiner. Und in Südtirol leben gleich drei Sprachgemeinschaften zusammen: die deutsche, die italienische und die ladinische.
Das Fehlen einer einheitlichen kulturellen Identität Italiens erklärt sich aus dem

Eine große Autonation: Seit den Anfängen fieberte Italien im Motorsport mit und bringt auch heute noch die erfolgreichsten Rennställe hervor.

Der Weg ist das Ziel

Die Römer entwickelten sich in der Antike zu den großen Straßenbauern der Menschheitsgeschichte, doch nach ihnen war es lange schlecht um Europas Straßen bestellt: Erst im 20. Jahrhundert verfügte man wieder über ein Straßennetz, das in Dichte und Beschaffenheit dem der alten Römer entsprach.
Weil sie »Vielreiser« und »Vieleroberer« waren, benötigten die römischen Senatoren und Feldherren, Kaiser und Konsuln gute Straßen. Im Unterschied zu den Griechen, bei denen die Verkehrsadern noch gewunden und meist sehr eng waren, legten die Römer bereits im Zwölftafelgesetz aus dem 5. Jahrhundert v.Chr. eine Mindestbreite für Straßen fest. Im Römischen Reich waren die Straßen mit Poststationen und Wirtshäusern, mit Meilensteinen, Brücken, Viadukten und sogar mit Tunneln versehen: Sklaven waren billig, und die bei den Italienern 2000 Jahre später so verbreitete Lust am Streiken kannte man noch nicht. So überzogen die Römer ihr ganzes Reich mit Straßen, die alle nach der gleichen Methode gebaut waren: Auf den Mutterboden kam zunächst eine Grobschichtung und dann eine Querlage aus flachen Steinen; es folgte eine Feinschüttung und endlich die Plattenlage. Zweck der verschiedenen Schichtungen war es, die Straße vor dem Absinken ins Erdreich zu bewahren.
Um die Wagen der damaligen Zeit zu führen, waren die Straßen in der Regel mit einer Gleisspur, einer Art Rinne, ausgestattet. Waghalsige Überholmanöver, wie sie die modernen Italiener lieben, waren also ein Ding der Unmöglichkeit. Der Ausbau von Fernstraßen garantierte nicht nur die militärische Beherrschung eroberter Gebiete, sondern förderte auch die kulturelle Beeinflussung neuer Territorien. Die erste Römerstraße war die Via Appia, die 312 v.Chr. von Rom aus zunächst bis nach Capua angelegt wurde. Unter Nero (54–68) standen den Römern dann schließlich 80 000 Straßenkilometer zur Verfügung.

Über Stock und Stein ging es bereits auf den frühen Verkehrswegen der Römer nicht mehr, sondern auf ordentlich angelegten und gepflasterten Routen. – »Straßen« der besonderen Art waren die Aquädukte (rechts Mitte), kunstvolle Konstruktionen, die zum Teil aus großer Entfernung Wasser in die römischen Städte brachten, und die Brücken, die Flüsse überquerten (rechts unten).

Auch den schweren antiken Ochsenkarren mit ihren Scheibenrädern mußten die Straßen gewachsen sein.

Umstand, daß das »Risorgimento« – jene politische Bewegung aufgeklärter, liberaler und kirchenkritischer Intellektueller, die aus dem italienischen Staatengewirr einen einzigen Nationalstaat bilden wollten – Völker und Kulturen zusammenfügte, die oft nur wenig gemeinsam hatten.

Radikalseparatisten und Parteichef der Lega Nord, Umberto Bossi, sind jene Regionen Italiens, die südlich der Toskana liegen, schon Ausland, gehören schon zu Afrika – dort leben, so das Vorurteil so mancher Norditaliener, die »terroni«, zu deutsch die »Erdfresser«.

Ein wichtiges Zeugnis antiken Straßenbaus ist die Via Appia von Rom nach Capua, an der zahlreiche Römer in aufwendig gestalteten Gräbern ihre letzte Ruhe gefunden haben.

Die sizilianische Kultur, die im Mittelmeer und in der Geschichte der Anrainerstaaten des Mare Nostrum verwurzelt ist und auf eine uralte Geschichte zurückblicken kann, welche von Griechen und Arabern, von Spaniern und Franzosen, von Mafia und viel Hitze erzählt, ist mit der so ganz anderen Kultur der Region Trentino-Alto Adige regelrecht zusammengeschweißt worden. Und auch in Südtirol gibt es oft Auseinandersetzungen zwischen den beiden großen Sprachgemeinschaften: Die italienischsprechenden Bürger, zahlenmäßig in der Minderheit, fühlen sich immer wieder den deutschsprechenden Mitbürgern gegenüber benachteiligt.

Separatistische Bestrebungen und Vorurteile. Diese teilweise recht großen kulturellen Unterschiede werden seit ein paar Jahren besonders stark von einigen Norditalienern hervorgehoben. Für den

Ähnlich denkt man bei Norditalien an fleißige Bürger und daran, daß Italien sich unter den zehn führenden Industrienationen der Welt befindet; bei Süditalien hingegen kommt einem das Wort Mafia in den Sinn: ebenfalls zwei mehr als dumme Vorurteile. Daß die Mafia heute überall in Europa existiert und Clans aus Sizilien und Kalabrien nicht nur in Palermo und Reggio di Calabria Fuß gefaßt haben, sondern auch in Mailand und Frankfurt, wird

Noch heute wird die Via Appia teilweise befahren; wo sie jedoch verkehrsberuhigt ist, wird sie nur noch von bummelnden Liebespaaren oder wenigen Touristen besucht.

dabei völlig außer acht gelassen. Obwohl viele dieser Vorurteile einen wahren Kern haben, beginnen die Grenzen zwischen dem vermeintlichen Schwarz und Weiß seit den letzten Jahrzehnten immer stärker zu verschwimmen.
Der immer noch lebendige Unterschied zwischen den einzelnen Völkern und Kulturen, die auf der Halbinsel zusammenleben, macht Italien für Reisende mit offenen Augen ganz besonders attraktiv. Die Unterschiede nicht nur zwischen Süd und Nord, sondern auch innerhalb des Südens und des Nordens, sogar innerhalb der einzelnen Regionen, manifestieren sich vor allem in religiösen und weltli-

Das Cabrio und die allseits beliebte Vespa gehören zu Italien wie die Pasta. Kann man doch in so einem offenen Fahrzeug die Reize des Landes noch unmittelbarer genießen: auf dem Land (oben) oder in der Stadt – hier Anna Magnani in dem Film »Anna und ihr Auto« (darunter) – oder an der Küste wie in der Vespa-Werbung aus den 60er Jahren (rechts).

chen Traditionen und in der Gastronomie und haben Wurzeln, die bis weit in die Antike zurückreichen.
Die oft unwegsame Landschaft Italiens hat dazu beigetragen, daß uralte Bräuche selbst der Industrialisierung und Massenkultur standgehalten haben, und seit einiger Zeit wächst der Stolz vieler Italiener auf ihre kulturellen Eigenheiten, ihre Geschichte und ihre Wurzeln wieder.

Italiens Küchenstolz. Unter anderem drückt sich dieser Stolz in prächtigen Volks- und Kirchenfesten aus und in einer ganz spezifischen Küche – und auch in dem Umstand, daß, neben Fußball und Politik, über nichts so häufig diskutiert wird wie über das Essen und das Kochen. Wer mit italienischen Freunden schon einmal in einer einfachen Pizzeria gegessen hat, weiß, daß nicht einfach bestellt wird – man beschreibt umständlich den Teig, den Belag und die Backdauer. Beim Essen ist man eben sehr wählerisch, denn man ist schon von Kindesbeinen an daran gewöhnt, daß die »mamma« einen guten Teil des Tages damit verbringt, nur das Beste auf dem Markt auszuwählen und zu verarbeiten. Tiefkühlkost ist um so verpönter, je weiter man in den Süden reist. Der Küchenstolz der Italiener hat konsequenterweise eine unglaublich reiche Vielfalt an Zubereitungsarten hervorgebracht. Die Emilia-Romagna etwa ist die Heimat der Tortellini, also der gefüllten Nudeln, und jede Stadt behauptet von sich, das einzig wahre Rezept zu besitzen. So kann es passieren, daß es in fünf verschiedenen Städten fünf Zubereitungsarten für die gleichen Tortellini mit der gleichen Füllung gibt. Man ist eben stolz auf die eigene Küche – und der Reisende fühlt sich wie im Schlaraffenland.

Vivaldi, Verdi & Co. Auch auf ihre Musik lassen die Italiener nichts kommen: Ihre musikalische Tradition ist die vielleicht reichste und älteste in ganz Europa. Viele traditionelle Volksweisen (vor allem in den »rückständigen« Regionen Süditaliens wie Kalabrien und der Basilicata) basieren auf Rhythmen – so versichern jedenfalls die Musikwissenschaftler –, die noch der Antike entspringen.
In Italien wurden viele Neuheiten auf dem Gebiet der Musik entwickelt: Der Mönch Guido d'Arezzo, der um das Jahr 1000 lebte, gab dem überlieferten Notensystem

einen allgemeingültigen Rahmen, auf dem dann die moderne Notensetzung aufbauen konnte. Bis zum Rokoko war Italien das europäische Kernland der musikalischen Entwicklung. Vor allem aus Venedig und Neapel kamen die großen »Stars«, darunter Vivaldi und Corelli. In Neapel befinden sich deshalb zahlreiche musikalische Archive, in denen Tausende von Werken des 16. bis 18. Jahrhunderts zu finden sind – Werke, die seit ihrer Entstehungszeit nie mehr aufgeführt wurden und erst seit einigen Jahren wieder das Interesse von Musikliebhabern finden. Italien ist vor allem aber das Geburtsland der Oper: Komponisten wie Peri, Caccini und Monteverdi stellten althergebrachte musikalische Vorgaben in Frage und verbanden Poesie, Gesang und Musik zu einer ganz neuen Form. Während sich im 18. Jahrhundert die sogenannte »opera buffa«, die heitere Oper, großer Beliebtheit erfreute, bevorzugte das 19. Jahrhundert die »opera seria«, deren in der ganzen Welt noch heute verehrte Komponisten Giuseppe Verdi und Giacomo Puccini hießen.

Auch die Deutschen lernten das Reisen in den fünfziger Jahren und kamen nun mit dem Auto zu den Sehenswürdigkeiten in Italien, die jenseits der Eisenbahngeleise lagen.

Klassiker des italienischen Nachkriegskinos und Zeugen der Rivalität zwischen Kirche und Kommunismus: Don Camillo und Peppone.

Mode, Design und »la rossa«. Als Mitte 1999 ein französischer Unternehmer das italienische Modehaus Gucci aufkaufen wollte, war ganz Italien entsetzt. Auch wenn viele Italiener sich niemals Schuhe

Essen und Feiern gehören zu den großen Leidenschaften der Italiener – und in beidem haben sie es zu wahrer Meisterschaft gebracht. Ob Fleisch oder Fisch, Suppe oder Pasta, Kuchen oder Käse: Nichts ist ihnen so heilig wie die richtige Wahl beim Einkauf, die Zubereitung und der anschließende Verzehr, der in geselliger Runde wort- und gestenreich bis spätnachts vonstatten geht. Wer die Hauptmahlzeit des Tages allein zu sich nimmt – ist kein Italiener.

Die Erben des Lucullus

Die italienische Küche, so wie wir sie kennen, ist erst mit der italienischen Staatseinigung im letzten Jahrhundert entstanden: Dank dem Rezeptesammler Artusi, dessen Kochbuch für Generationen von Hausfrauen gleich nach der Bibel kam, verbreiteten sich bestimmte Gerichte auf dem ganzen Stiefel. Trotz dieser Nationalisierung des italienischen Geschmacks zeichnet sich die »cucina italiana« durch ihren nach wie vor starken regionalen Charakter aus. Die Vorstellung, daß Kochen

auch innovativ sein kann, hat sich in Italien noch nicht durchgesetzt. Dank der regionalen kulinarischen Eigenheiten ist Italien ein ideales Land für gastronomische Entdeckungen: Das Essen ähnelt dem Reisen, man muß sich nur darauf einlassen. Der Reichtum an Gerichten und Zubereitungsarten ist so groß, daß kein Kochbuch erschöpfend die italienische Küche darstellen kann.
Eine Menü beginnt mit dem »antipasto«, der Vorspeise; es folgt das »primo piatto«, in der Regel ein Teller Nudeln oder Reis. Das »secondo piatto« besteht aus Fleisch oder Fisch; Salat, der zu den »contorni«, den Beilagen, zählt, wird nie, wie das in Deutschland üblich ist, auf dem gleichen Teller serviert. Vor dem »dolce«, dem Dessert, lassen sich viele Italiener noch auf den »formaggio«, die Käseplatte, ein. Cappuccino nach dem Essen trinken nur Deutsche: Ein Italiener greift hingegen zum Espresso oder zum Grappa.
Italiens Regionen unterscheiden sich beim Essen wie Tag und Nacht. Gehören Knoblauch und scharfe Gewürze im Süden unbedingt zum Essen, so sind sie im Veneto und im Friaul gänzlich verpönt; viel lieber ißt man dort und in den österreichisch beeinflußten Regionen Südtirol und Trentino Knödel, Speck und Mehlspeisen. Französisch wird wiederum die Küche im Aostatal. Daß in Ligurien nur Fisch gegessen wird, stimmt auch nicht: Hier schmeckt man aus vielen traditionellen Gerichten den Einfluß heraus, den die sarazenischen

Eroberer hinterlassen haben; Rosinen und Fleisch sind folglich keine Seltenheit. Auch in der sizilianischen Küche ist der Orient nicht zu überschmecken: Schließlich wurde die Insel einmal von den Arabern beherrscht. Während man in der Toskana Steaks wie die »bistecca alla fiorentina« mag, liebt die römische Volksküche Hirn und Eingeweide besonders. Und nirgendwo sonst in Italien gibt es so viele verschiedene Weißbrote wie in Apulien.

viele Arten wie viele verschiedene Kaffees am Tresen serviert werden – mit oder ohne Kakao, in der Tasse oder im Glas; der eine trinkt ihn lau- oder halb lauwarm, der andere heiß, mittelheiß, sehr heiß oder fast schon kochend, und einige wenige wollen ihn sogar eiskalt. Die Italiener sind eben Individualisten – auch beim Essen und Trinken.

Meeresfrüchte: Trumpf der italienischen Küche.

Zu den allgegenwärtigen Grundnahrungsmitteln der Italiener gehören Brot, Pizza und Grappa.

Auch bei den Eßgewohnheiten lassen sich die Italiener nicht über einen Kamm scheren: Während man zum Beispiel auf Sizilien und in Mittelitalien als Frühstück nur einen Kaffee und ein »cornetto«, ein Hörnchen, zu sich nimmt, essen die Kalabresen schon frühmorgens recht deftig. Apropos Kaffee: Wer schon einmal in einer italienischen Bar war, wird wissen, auf wie

Ein historischer Feinschmecker

Lucius Licinius Lucullus (um 117–57 v.Chr.) erwarb sich im – erfolglosen – dritten Krieg der Römer gegen Mithridates, König von Pontus am Schwarzen Meer, große Reichtümer; ihm ist auch der Import der Süßkirsche zu verdanken, die er als kulinarische Kriegsbeute aus Pontus mitbrachte. Er war eben nicht nur Feldherr, Konsul und Großgrundbesitzer, sondern auch ein Genußmensch – und so begann er, kaum nach Rom zurückgekehrt, ein glanzvolles, üppiges Leben als Privatmann, der so rühmenswerte Festessen zu geben verstand, daß sie sprichwörtlich wurden und der Begriff »lukullisch« in viele Sprachen Eingang fand. Ob die Speisen, die man dabei verzehrte, heute noch als lukullisch gelten würden, muß indes bezweifelt werden: Die römische Küche war nicht nur sehr deftig, sondern auch sehr scharf gewürzt oder, so auch die Weine, stark gesüßt.

Durch die schönsten Städte, über die steilsten Küstenabschnitte und die weitesten Ebenen bis hinein in die entferntesten Täler der schroffen alpinen Bergwelt führen die Traumstraßen Italiens und erschließen jeden noch so entlegenen Winkel. Nur zu Fuß läßt sich die Vielfalt dieses abwechslungsreichen Landes noch unmittelbarer erleben.

und Taschen, geschweige denn ein Kleidungsstück von Gucci, leisten können, wird das Florentiner Unternehmen doch als nationales Eigentum betrachtet.
Das gleiche gilt selbstverständlich auch für Armani, Ferré, Krizia und alle anderen Ikonen der italienischen Modewelt – und auch für das Autohaus Ferrari, das »la rossa« zusammenbaut, ein Auto, bei dessen bloßer Nennung viele italienische Männer den gleichen Gesichtsausdruck annehmen wie beim Anblick von Sophia Loren. Stolz sind die Italiener auch auf das norditalienische Unternehmen Alessi, dessen von internationalen Designern gestaltete Haushaltsgegenstände in keinem gestylten und italophilen deutschen Haushalt fehlen dürfen.

Italien und der Tourismus. Auch wenn sie es nur selten zugeben: Italiener lieben deutsche Urlauber. Zum einen, weil diese immer gern bereit sind, auch überhöhte Preise anstandslos zu zahlen, und zum anderen, weil sie in der Regel treu sind – denn wenn sie sich wohl fühlen, dann kommen sie immer gern wieder.
Obwohl die Italiener auf eine lange Tradition im Herbergswesen zurückblicken – schon seit dem späten 16. Jahrhundert gehörte es für reiche und hochwohlgeborene Söhne zum guten Ton, Italien zu bereisen –, findet man häufig Unterkünfte, die, selbst wenn sie mit drei und vier Sternen prahlen, recht unansehnlich und für das, was sie bieten, entschieden zu teuer sind. »Wissen Sie«, bekannte ein Hotelbesitzer in Rom, »die Reisenden kommen doch auch, ohne daß wir uns anstrengen.« Und so ist es dann nicht nur in Rom, sondern auch in Florenz, Venedig und anderswo, wo Touristen ganzjährig anzutreffen sind, keine Seltenheit, unfreundlich behandelt zu werden und für viel Geld wenig Gegenleistung zu bekommen.

Chronische Verkehrssünder. Gerade von den ordnungsliebenden Deutschen wird immer wieder der italienische Verkehr bestaunt: Die Ampel ist rot, doch das interessiert keinen so recht, und viele Autofahrer fahren trotzdem weiter. Werden diese Regelbrecher von einem »vigile«, einem Verkehrspolizisten, erwischt und zur Rechenschaft gezogen, dann zieht man alle Register des Bittens und Bettelns, um Vergebung zu erlangen. Die wie zum Gebet gefalteten Hände der Erwischten vor einem Polizisten, der verzweifelte Gesichtsausdruck und das Jammern in der Stimme sind die eindrucksvollsten Instrumente einer Kultur, in der das »perdonare«, das Verzeihen also, zum Alltagstheater gehört wie die strahlende Sonne zum azurblauen Himmel.
Übrigens: Das Autofahren kann in Italien auch für den Reisenden etwas Wunderschönes sein. Man findet überall verträumte Sträßchen, die – egal, wie schmal und unbefahren – immer zu einer Burg, einem verschlafenen Ort oder einer malerischen Kapelle führen. Die Autobahnen sollte man darum, wann immer möglich, links liegen lassen und auch einmal ungeteerte Straßen nehmen.

Die Vespa ist der erste motorisierte Untersatz, den die heranwachsenden Jugendlichen (legal) fahren dürfen. Schon nach kurzer Zeit entwickeln sie ein atemberaubendes Fahrgeschick und schlängeln sich noch durch die unwahrscheinlichsten Verkehrslücken hindurch.

Ungewöhnliche Parkplätze (links) sind in den Städten keine Seltenheit. – Ein Cafébesuch zwischendurch (oben) belebt die müden Geister.

Traumstraßen mit Löchern. Ein wachsames Auge sollte man allerdings auf die Straßenbeschaffenheit haben, denn die Italiener sind längst nicht mehr so gute Straßenbauer wie ihre römischen Vorfahren: Auf fast allen Straßen begegnet eine Vielfalt von »buche«, von mehr oder minder tiefen und großen, breiten und langen Löchern – Löchern, mit denen nicht zu spaßen ist, denn jedes Jahr fallen ihnen Dutzende von Mopedfahrern zum Opfer. Keinesfalls sollte man sich von der Fahr- und Risikofreude der Italiener anstecken lassen. Man muß schon lange in Italien

Ausruhen vom Toben des teilweise aberwitzigen Verkehrsgetümmels – wie zum Beispiel hier am Petersdom (links Mitte) – und von den zahllosen Sehenswürdigkeiten kann man in den Osterien, Trattorien und Restaurants am Wegesrand, die immer die eine oder andere Köstlichkeit parat haben. Und auch die Einheimischen gönnen sich nach getaner Arbeit wenigstens ein Gläschen Wein in der Bar an der Ecke.

leben oder aber immer mit dem Schlimmsten rechnen, wenn man so rasant fahren und überholen will wie die Einheimischen. Vorsicht ist vor allem an Küstenstraßen geboten und in Süditalien – und auch dann, wenn man nachts über Land fährt und von einer wild gestikulierenden Person (meistens eine junge Frau, das wirkt hilfsbedürftiger) mit verzweifeltem Gesichtsausdruck gebeten wird, bei einer Panne zu helfen. Hier sollte man tunlichst nicht anhalten, denn der Appell an die Nächstenliebe kann sich als hinterlistige Finte herausstellen, die man mit dem Verlust von Auto und Habseligkeiten sowie mit einem gehörigen Schrecken bezahlen muß. Es ist angeraten, von der nächsten Ortschaft aus die Polizei zu verständigen – soll die sich um die »Panne« kümmern.

Das Parkplatzproblem. In Nord- und Mittelitalien wird man in der Regel keine Schwierigkeiten haben, das Auto halbwegs sicher zu parken. Doch in Rom beginnen die Probleme: Die Millionenstadt mit ihrem historischen Stadtkern, in dem nur rund 250 000 Menschen leben, verfügt genau dort, wo alle Reisenden hinwollen,

Ob Microtaxi, Segelboot oder »motorino«: Um ein Fortbewegungsmittel ist man in den seltensten Fällen verlegen.

Der italienische Erfindungsgeist paßt sich den Gegebenheiten der Umgebung genial an – denn zu Fuß gehen, das muß wirklich nicht sein.

nämlich im Zentrum, über extrem wenige Parkplätze; man buche deshalb am besten ein Hotel mit eigenem Parkplatz und wage es in keinem Fall, illegal zu parken: Roms »vigili« können sehr aufmerksam sein, wenn sie wollen – vor allem bei ausländischen Kennzeichen und besonders teuren Autos.

Der Umstand, daß so mancher Autovermieter in Rom nur widerwillig einen Wagen für einen Trip nach Süditalien hergibt oder sich sogar weigert, läßt ahnen, was einer teuren und modernen Luxuslimousine südlich der Hauptstadt blühen kann. Das muß natürlich nicht so sein, nur leider ist gerade die Hauptreisezeit auch jene Zeit, in der die meisten Autos verschwinden: vor allem im Süden.

In Neapel, in Bari und Palermo, aber auch in vielen anderen süditalienischen Städ-

ten schützt selbst das Parken an belebten Plätzen nicht vor den geschickten »ladri«, den Dieben. Man suche sich legal bewachte Parkplätze oder lasse den Wagen auf dem Hotelparkplatz stehen. Niemals darf man aber einem noch so freundlich lächelnden Parkwächter den Autoschlüssel aushändigen: Auch wenn er unter vollem Körpereinsatz verspricht, den Wagen in eine freigewordene Parklücke zu

Die Lust am heißen Naß

Die Römer haben es vorgemacht: Italiens Bäderkultur gehört zu den ältesten der Welt, und diesem Erbe fühlt man sich verpflichtet. Man schwimmt und plaudert – in den Poseidon-Gärten auf Ischia (unten) ebenso wie in den Thermen von Saturnia (rundes Bild).

Wasser hatte für alle Völker, die in Italien vor den Römern lebten, eine heilige und reinigende Bedeutung. Aber erst die Nachfahren von Romulus und Remus entwickelten eine Kultur des Badens und nutzten das Wasser ab der Kaiserzeit für riesige Thermenanlagen, von denen gigantische Ruinen wie die Caracallathermen in Rom heute noch Zeugnis ablegen. Wer sich einen Eindruck von der Größe und Pracht dieser antiken Fitneßcenter

Lustwandeln in antiker Atmosphäre: die Trink- und Wandelhallen Montecatini (oben und großes Bild Mitte).

machen will, sollte die Kirche Santa Maria degli Angeli in Rom aufsuchen: Sie wurde in der Renaissance in die noch stehenden Reste einer Thermenanlage eingebaut. Für die alten Römer waren die Thermen ein Ort für Sport und Erholung, aber auch ein Treffpunkt für die Begegnung mit Freunden, Strichjungen und Prostituierten.
Die Päpste konnten mit Wasser und den Thermen gar nichts anfangen – der erste Pontifex, der ein positives Verhältnis zum Wasser hat, ist Johannes Paul II. Als Ort der Sünde und der hedonistischen Körperkultur des antiken Götzentums wurden die alten Bäder im 4. Jahrhundert geschlossen – und verfielen. Die Kultur der Thermen war fortan nur noch Legende, und man zog zur »Körperreinigung« Holzbottiche vor, in denen man in üblen, mehrmals gebrauchten Brühen badete. Viele Ruinen antiker Badeanlagen wurden dennoch das ganze Mittelalter hindurch von Reisenden genutzt, denn dem Wasser

antiker Quellen sagte man heilende Wirkung nach. Zumeist bei antiken Thermen und schon von Römern genutzten Heilquellen entstanden im Anschluß daran die modernen »terme« – so zum Beispiel Abano Terme bei Padua: Es ist bekannt, daß der Dichter Horaz zu den »Stammkunden« der dortigen Bäder gehörte.

Eine der berühmtesten und schönsten Thermen Italiens findet man in Montecatini Terme: Auch hier aalten sich bereits die alten Römer im heilenden Wasser.
Die Heilwasser von Saturnia sollen schon in der Urgeschichte von den ersten Menschen genutzt worden sein. Die Sage berichtet, daß der Gott Saturn, wütend über die ewig kriegführenden Menschen, einen Blitz zur Erde schickte, der einen Vulkankrater schuf, aus welchem heiße Wasser quollen und Angst und Schrecken verbreiteten. Heute sind die 37,5 Grad heißen Terme di Saturnia einer der beliebtesten Kurorte Mittelitaliens und bieten sogar die Dienste einer Beautyfarm.

Eine besonders schöne Therme liegt auf der Insel Lipari: Der »pozzo dei fanghi« ist ein heißer kleiner See, in dem sich nicht nur Einheimische gern wälzen. Thermaleinrichtungen gibt es hier nicht, und doch ist ein Bad im »Schlammbrunnen« eine Wonne.

Thermen alla natura auf Vulcano (Liparische Inseln).

Im Vergleich hierzu ist die heimische Badewanne doch sehr klein: Heiße Quellen, Bagno Vignoni, Siena.

Architektonische Meisterleistungen

Die Thermen (griech. »heiße Quellen«), eine Erfindung der Griechen, wurden in Anlage und Ausstattung von den Römern zur Vollendung gebracht. Baulich unterscheidet man den Reihentypus, bei dem die einzelnen Räume linear aneinandergereiht waren, und den Ringtypus, der alle Räume kreisförmig anordnete. Zunächst wurden die Thermen durch große Feuerbecken erhitzt, die man jedoch bald durch ausgeklügelte Fußboden- und Wandheizungen ersetzte. Zur »Grundausstattung« gehörten Umkleideräume, das Schwitz-, Warm- und Kaltbad sowie ein Warmluftraum; in der Kaiserzeit wurden die Anlagen mondäner und beherbergten zudem noch Sportplätze, Freibäder, Gärten, Massageräume und Wandelhallen. Die Reste der Caracalla- und Diokletiansthermen in Rom gehören heute zu den gewaltigsten Zeugnissen der antiken Thermenkultur.

Der Gott Vulcanus hat besonders prägnante Spuren in Italien hinterlassen: Vesuv und Ätna sowie die Liparischen Inseln könnten eine Menge davon erzählen …

fahren, sollte man ihm besser nicht vertrauen. Es könnte sich bei der Rückkehr nämlich herausstellen, daß nicht nur der nette Mann verschwunden ist, sondern auch der fahrbare Untersatz.

Autorennen. Die Italiener sind begeisterte Autofahrer und riskieren beim Fahren immer gern ihr Leben: Anders kann man die Angewohnheit des chronischen Nichtanschnallens trotz saftiger Strafandrohung nicht erklären. Und weil sie das Risiko lieben, lieben sie Autorennen. Anfang Mai veranstaltet das von Italien politisch unabhängige San Marino den »Grand Prix di San Marino«, allerdings nicht auf den Straßen der oft von Adriatouristen überschwemmten Minirepublik, sondern im italienischen Imola – und zwar ganz in der Nähe der berühmten Werkstätte, in denen die Ferraris zusammengebaut werden.
Im September brausen die Formel-1-Piloten beim italienischen Grand Prix in Monza über die Pisten, während es jeden Oktober in San Remo zur Sache geht: Die Auto-Rallye an der Blumenriviera wurde spätestens durch den Lancia Delta und den Fahrer Micky Biason weltbekannt.

Italiens Regionen – so unterschiedlich wie Tag und Nacht. Italien ist landschaftlich heterogener, als man meinen möchte: Langeweile kann aus diesem Grund nicht aufkommen. Das Piemont, aus dem Gorgonzola, Trüffel und Fiat stammen, ist eine weite Ebene, die von malerischen und kilometerlangen Baumalleen unterbrochen ist. Das benachbarte Aostatal besticht hingegen durch hohe Berge und Alpenpanoramen; der Landschaftswechsel zwischen den beiden Regionen kann gar nicht dramatischer und somit reizvoller sein.

Sardinien (Mitte) und Sizilien (Mitte unten) haben eine ganz eigene Kultur im Vergleich zum Festland entwickelt.

Wenn man die Lombardei vom Tessin aus erreicht, fällt der Unterschied zwischen der Schweiz und Italien landschaftlich zunächst nicht auf – vor allem nicht an den Seen, wo der Übergang buchstäblich fließend ist. Die Straßen der Lombardei sind oft von Fabriken gesäumt – ein Hinweis darauf, daß die Region in der industriellen Produktion die Nase vorn hat.
In Venetien, das sich zwischen den Dolomiten und dem Schwemmland des Po und anderer Flüsse entfaltet, sieht es ganz anders aus: Man fährt durch weite Felder und Weinberge. Östlich davon locken das Friaul und Julisch-Venetien mit ihrer echt österreichischen Atmosphäre, während bei Venedig kilometerlange Sandstrände Mittelmeerklima vermitteln.
Südtirol und das Trentino liegen ganz in den südlichen Ausläufern der Alpen. Seit Jahrtausenden ziehen die Romreisenden durch die Täler dieser Region, die einen

Ferienparadiese nicht nur für Kinder: Die italienischen Inseln garantieren Sonne und Badefreuden pur und haben daneben noch manche kulturelle Überraschung zu bieten.

Unterwegs in Gottes Namen

Das Wallfahren war früher wahrhaftig kein Vergnügen: Räuber und wilde Tiere lauerten am Wegesrand und fanden so manches Opfer unter den frommen Pilgern. Froh mußte man sein, wenn man endlich an der Wallfahrtsstätte angekommen war, wo man Unterkunft für die Nacht fand. Heute geht es da bequemer vonstatten …

… und um sein Leben braucht man zum Glück auch nicht mehr zu fürchten.

Schon lange, bevor Papst Bonifaz VIII. im Jahr 1300 das Heilige Jahr einführte und damit Rom zum Hauptziel aller Pilger machte, gab es in ganz Europa Pilgerwege. Fromme Christen, die Buße tun oder etwas erbitten wollten, pilgerten nach Santiago de Compostela in Galizien, Jerusalem, Rom und zu anderen Orten, an denen Reliquien verehrt wurden.

Sechs Pilgerwege lassen sich seit dem Mittelalter in Italien unterscheiden: Pilger aus Spanien und dem südlichen Frankreich kamen über die Via Aurelia; von Ventimiglia aus über La Spezia und Civitavecchia erreichten sie die Ewige Stadt. Frommes Volk aus der Schweiz und dem nördlichen Frankreich, aus England und Belgien reiste über die bergige Pilgerstraße, die durch das Aostatal führte, über Pavia und durch die westliche Emilia-Romagna in die Toskana und nach Rom. Katholiken aus Osteuropa und dem Deutschen Reich kamen über die seit der Antike benutzte Brennerstraße; an Trient und dem Gardasee vorbei wanderten sie via Florenz nach Rom.
Wer sich aus den südlichen Ländern Osteuropas und dem nördlichen Balkan nach Rom auf den Weg machte, reiste über Udine und Aquileia, Treviso und Ravenna, San Marino und Foligno. Christen aus dem Nahen Osten hatten zwei Möglichkeiten, nach Italien zu kommen: entweder durch die Türkei, dann über das Meer und durch Albanien, oder aber auf See bis nach Otranto und dann durch Apulien via Caserta und Frosinone gen Rom. Sizilianer setzten bei Messina nach Kalabrien über, reisten die Küste entlang bis hinauf nach Neapel und über Terracina an ihr Reiseziel, in den Kirchenstaat.
Endlich in Rom angekommen, hatten die Pilger in allen sieben Basiliken zu beten. Sündenerlaß brachte und bringt auch heute noch das Hinaufrutschen der Scala Santa auf den Knien: Der frommen Legende nach soll Jesus diese »heilige Treppe« im Palast des Pontius Pilatus hinaufgestiegen sein und darauf sein Blut – heute dunkle Flecken unter Glas – vergossen haben.

Vorgeschmack auf die unterschiedlichen Reize Italiens gibt: im Norden Südtirols die Alpen, im Trentino südliche Palmen. Liguriens Straßen sind kurvenreich, bieten allerdings traumhafte Aussichtspunkte auf das Meer und die Küste. Flach wird es wieder in der Emilia-Romagna, die besonders im Süden sehr reizvoll ist: Dort finden sich die Ausläufer des Apennin, Burgruinen und stille Dörfer.
Hügelig präsentieren sich die Toskana und Umbrien (flach ist es dort nur in der Maremma): Waldreiche Gegenden und die baumlosen Crete, in denen weite Felder vorherrschen, wechseln sich ab. Nicht weit entfernt liegt die Hauptstadt Italiens:

Auf Sizilien wird der Karfreitag oft – wie hier in Erice – mit einer Prozession begangen.

Rom befindet sich in Latium, einer Region, die neben der Metropole Wald und Meer, Vulkanberge und Seen zu bieten hat. Unverständlicherweise verirren sich jedoch nur wenige Reisende in die nahen Abruzzen, die Marken und Molise; und wenn doch, dann hauptsächlich an die Strände. Dabei lohnt es sich durchaus, das waldige und bergige Landesinnere zu erkunden – dort gibt es auch einige faszinierende romanische Kirchen zu entdecken.
Kampaniens Hauptstadt ist Neapel. Je tiefer man von hier aus in den »mezzogiorno«, den italienischen Süden, vordringt,

desto spärlicher werden jenseits der Badeorte touristische Strukturen – hier kann man noch das urwüchsige Italien finden. Darüber hinaus gibt es im wirtschaftlich unterentwickelten Süden auch unberührte Küstenabschnitte und Naturschutzparks, die einmalig in ganz Italien sind. Wer durch das Landesinnere von Kalabrien, Apulien, der Basilicata und Sizilien fährt, stößt kaum auf Autos, aber auf

Dörfer, in denen man die Fremden neugierig beäugt. Und auch wenn diese Regionen von Arbeitslosigkeit und Armut gekennzeichnet sind, bieten sie doch eine unverfälschte mediterrane Kultur wie sonst nirgendwo auf dem Stiefel. Italien hat eben viele Gesichter.

Religiosität ist in Italien von großer Bedeutung: Prozession im Cembratal, Südtirol (oben), Ostersonntag in Piano d'Albanesi (Mitte), die Abbadia S. Salvatore, Sizilien (unten).

Autos müssen draußen bleiben: Schönstes Transportmittel durch Venedigs prachtvolle Kulissen ist und bleibt die Gondel.

Durch Venetien und Friaul

ROUTE 1

Vom italienischen Teil Südtirols über den südlich anmutenden Gardasee und die Kulturstädte Oberitaliens nach Venedig und ins malerische Friaul: Abwechslungsreiche Landschaften prägen die Reise durch den östlichen Teil Norditaliens.

Zwischen Alpen und Adria

Alpine Formationen und mediterranes Flair, antike Monumente und moderner Städtebau, trutzige Burgen und fragile Lagunenstädte – polarer könnten die Eindrücke nicht sein, die diese Route charakterisieren. Gerade aber das Zusammenspiel der vermeintlichen Gegensätze macht den besonderen, stimmungsvollen Reiz dieses Landstrichs aus und verleiht ihm eine eigenwillige Note.

In *Trient* beginnt Italien – zwar nicht geographisch, aber kulturell. Spricht man in Bozen noch überwiegend deutsch, so wird es in dem Städtchen an der Etsch schon richtig italienisch – schließlich heißt Trient offiziell ja Trento und ist auch die Hauptstadt der autonomen Region Trentino-Alto Adige (Südtirol). Obwohl zwischen Bozen und Trient nur 60 Kilometer Straße liegen, gehören beide Städte kulturell verschiedenen Welten an. Einziges Verbindungsstück ist das gewaltige Dolomitenmassiv.

Legendär ist der Karneval von Venedig, dessen mystische Masken einen eigenen Stil geprägt haben.

Die Hauptverkehrsader ist heute die Brennerautobahn. Sie überwindet den Alpenpaß, begleitet die Etsch und biegt mit ihr nach Verona ab. Leider gehört diese Autobahn zu den meistbefahrenen Straßen Europas – nicht nur im Sommer, sondern das ganze Jahr über. Es ist ratsam, über kleine und reizvolle Nebenstraßen zu fahren.

Trient ist eine keltisch-römische Gründung und gehörte vom 10. Jahrhundert an zum Römischen Reich Deutscher Nation: So italienisch man sich hier auch gibt – Trient wurde erst im Jahr 1919 italienisch. Die Stadt, die vom 11. bis zum 18. Jahrhundert von mächtigen und kunstsinnigen Fürstbischöfen regiert wurde, war von 1545 bis 1563 Tagungsort des Tridentinischen Konzils, mit dem die katholische Kirche durch umfangreiche Reformbeschlüsse der mit dem Auftreten Luthers beginnenden Spaltung entgegenwirken wollte.

Südliches Flair am Gardasee. Wer es schnell liebt, kann die Autobahn nehmen, um nach Riva del Garda zu gelangen; schöner ist aber die malerische Straße von Trient über den Monte Bondone, durch die verschlafenen Örtchen Lasino, Drena und Dro hinunter zum Gardasee.

Am *Lago di Garda* – dem größten Binnengewässer Italiens und der Schnittstelle der Regionen Trentino, Lombardia und Veneto – wird die ganze landschaftliche Vielfalt Norditaliens deutlich: Von den majestätischen Gipfeln der Dolomiten bei Trient geht es in kurzer Zeit zu einem von sanften Bergen umstellten See, an dessen Ufern Palmen und Zitronenbäume wachsen.

Ganz besonders schön ist es in *Riva del Garda* bei der Festung der mittelalterlichen Familie der Scaliger direkt am See. Dank der heftigen Winde ist der See hier ein Paradies für wagemutige Surfer. Zwischen Toscolano-Maderno und Gardone Riviera am Westufer sollte man bei der spätbarocken *Villa Bettoni* anhalten: Das Treppenhaus und die Säle des am See liegenden Schlosses sind prächtig ausgemalt; vom ersten Stock aus führt über die Gardesana eine kleine Brücke in den herrlichen Park.

In *Gardone Riviera* ließ sich der italienische Schriftsteller Gabriele D'Annunzio in den zwanziger Jahren den »Vittoriale« errichten, eine Villa mit Mausoleum. In Gardone residierte auch Benito Mussolini: Zwischen 1943 und '45 regierte der Duce hier die sogenannte Republik von *Salò*, einen Ministaat von Hitlers Gnaden.

Der Gardasee ist eines der nördlichsten Paradiese Italiens; die Gardesana, die ihn umgürtet, wird bei Campione am Westufer besonders malerisch.

Utensil für die »tollen Tage« von Venedig: Vogelmaske.

Ein Paradies nicht nur für Surfer: der Gardasee an den südlichsten Ausläufern der Alpen.

»Das Wasser der Lagune, dessen Grundfarbe ein der Rheinfärbung sehr ähnliches Hellgrün ist, hat durchaus die Lichtqualität matter Edelsteine, namentlich des Opals.«

Hermann Hesse, Die Lagune, 1901

Schön ist auch ein Spaziergang auf der Halbinsel von *Sirmione*, wo sich eine stolze Scaligerburg im tiefblauen Seewasser spiegelt. An der Spitze der schmalen Landzunge ließ sich der antike Lebemann Catull in einer Villa mit traumhaftem Ausblick vom milden Klima verwöhnen.

Highlights der Kunstgeschichte. *Verona* befindet sich bereits in der Region Venetien und wird die »rote Stadt« genannt, weil viele Gebäude aus rötlichem Kalkstein errichtet sind. Diese schöne Stadt kennen viele nur wegen ihrer römischen Arena und des dort stattfindenden Opernfestivals; man sollte aber auch über die malerische Piazza delle Erbe zur romanischen Kirche San Zeno Maggiore bummeln – und zum Castelvecchio mit seinen reichen und sehenswerten Gemälde- und Skulpturensammlungen.
Ganz in der Nähe von Verona, Richtung Osten, liegt die mittelalterliche und von Mauern umstandene Ortschaft *Soave*, die verschlafen und zugleich malerisch wirkt. Soave ist durch den gleichnamigen leichten Weißwein bekannt, der bei Hitze den Durst löscht. Von hier ist es nicht mehr weit bis *Vicenza*, wo Andrea Palladio gewirkt hat – ein Maurer, der es bis zum Starbaumeister der italienischen Renaissance brachte. Die von diesem Genie entworfene Basilica Palladiana, der Palazzo Chiericati sowie das Teatro Olimpico, das älteste überdachte Theater Europas aus Holz und Stuck, lohnen einen Besuch. Südlich von Vicenza hängt in der idyllisch zwischen Zypressen gelegenen *Basilica di Monte Berico* ein Meisterwerk von Paolo Veronese, das »Gastmahl Gregors des Großen«; vom Kirchenvorplatz aus hat man einen wunderbaren Blick auf Vicenza und die Berge, und keine 15 Minu-

»Turandot« in der Arena von Verona.

Die berühmteste Veroneserin: Julia Capulet, die Shakespeare unsterblich machte.

Auch Vicenza hat pittoreske Winkel zu bieten.

ten Fußweg entfernt lockt die barocke *Villa Valmarana*, die von den Malern Tiepolo Vater und Sohn mit phantastischen Fresken ausgemalt worden ist.

Um nach Padua zu gelangen, geht es an den Colli Euganei entlang. Kurz vor der Stadt des heiligen Antonius verführt der Kurort *Abano Terme* zu einer Rast: Man sollte den Thermen mit ihrem reichen Blumenschmuck in jedem Fall einen Besuch abstatten. 14 Kilometer westlich erhebt sich die Benediktinerabtei *Abbazia di Praglia*, eines der schönsten Klöster der italienischen Renaissance.

Gläserne Träume

Von Venedig aus ist es mit dem Vaporetto, dem städtischen Linienschiff, zur Insel Murano nicht weit. Seit Ende des 13. Jahrhunderts wird hier Glas geblasen. Heute befinden sich auf dem kleinen Eiland einige der bekanntesten Glashütten Europas, darunter zum Beispiel Venini. Viele Häuser locken Besucher mit großen Hinweistafeln ins Innere, wo bereitwillig demonstriert wird, wie die Gläser und Vasen und zauberhafte kleine Skulpturen geblasen und geformt werden. Bevor man die Glashütte verläßt, kommt der obligatorische Gang durch das »negozio«, das Geschäft. Besonders hübsch sind die »palle«, verschieden große Glaskugeln mit buntem Glasinhalt, der Blumen, Phantasiemotive und Fische darstellt. Wem der Rummel um die »Gläsereien« zu laut und zu aufdringlich ist, der sollte das Museo Vetrario aufsuchen. Es zeigt die schönsten Glasprodukte aus dem 15. und 16. Jahrhundert, als jeder Herrscher Europas, der auf sich hielt, seine Gläser in Murano bestellte.

Der Markusplatz in Venedig gibt eine großartige Bühne für Kaffeehausmusiker und Straßenkünstler ab.

Der venezianische Adel hat sich manches Kleinod an den Brentakanal gebaut (oben); auch das ehemals habsburgische Triest hat prächtige Bauten vorzuweisen (Mitte). Doch ob Palazzo oder nicht – die Italiener wissen zu leben.

Die Stadt des heiligen Antonius. *Padua* verfügt über einen der eigenartigsten Plätze Italiens: Die barocke Gartenanlage des Prato della Valle ist riesengroß, hat in ihrer Mitte eine von Wasser umgebene Insel und ist mit 78 Statuen berühmter Paduaner geschmückt. In Padua findet sich auch einer der ältesten botanischen Gärten Europas: Er wurde 1545 eingerichtet, und noch heute kann man hier die Palme sehen, die Goethe in seinen botanischen Schriften erwähnte. Die Basilika, in der der heilige Antonius begraben liegt, und die Cappella degli Scrovegni, die Giotto ausmalte, gehören überdies zum Pflichtprogramm. Von Padua aus empfiehlt sich ein Abstecher in das etwa 60 Kilometer

Statussymbole von gestern und heute: Schloß Miramare in Triest (links) und der Palazzo dei Diamanti in Ferrara (Mitte) dienten in etwa dem gleichen Zweck, zu dem man sich heute schnelle Autos leistet: Man will zeigen, was man hat. – Grado lockt mit all seinen Reizen (unten).

südlich gelegene *Ferrara*, dessen Residenzcharakter unter den Este in der Renaissance zahlreiche Paläste belegen. Von Padua nach Venedig führt eine wahre Traumstraße der Architektur: Der Adel von Venedig ließ sich seit dem 16. Jahrhundert entlang dem *Brentakanal* – der angelegt wurde, um die Verschlammung der Lagune von Venedig zu verhindern – prächtige Sommerresidenzen errichten. Diese palazzoartigen Villen stehen auf einer Länge von 36 Kilometern eng nebeneinander, und da die Straße sich am Kanal entlang schlängelt, kann man bequem eine Villa nach der anderen abfahren.

Der Glanz vergangener Tage. In *Venedig* angekommen, heißt es, einen der rar gesäten Parkplätze an der Piazzale Roma zu finden. Vor dem Bahnhof nimmt man am besten ein Vaporetto – so heißen die »schwimmenden Busse« in Venedig – und macht eine Stadtrundfahrt durch die Kanäle. Ebenso reizvoll ist von hier aus ein Abstecher in südlicher Richtung nach *Ravenna*, dessen byzantinische Mosaiken jeden Umweg wettmachen (siehe S. 42/43). Fünfundzwanzig Kilometer nördlich von Venedig erreicht man *Treviso*, eine stille Stadt; der Stadtkern hat seine mittelalterliche Topographie bewahren können, und die gotische Kirche San Nicolò und der

Fortsetzung Seite 44

In Bassano del Grappa wird der berühmte und auch bei uns beliebte Branntwein produziert.

Die Mosaiken von Ravenna

Wer sich zum ersten Mal in Ravenna die Mosaiken ansieht, wird aus dem Staunen gar nicht mehr herauskommen. Die ungewöhnliche Farbenpracht und Vielfalt an Motiven, das leuchtende Gold und das strahlende Rot, das an die Farbe des Meeres erinnernde Blau und die Räumlichkeiten, in denen sich diese Mosaiken

San Vitale, Sant'Apollinare und San Francesco (von oben nach unten): Die Mosaiken von Ravenna, die hier zu finden sind, gehören zu den schönsten Zeugnissen der byzantinischen Kunst und suchen sowohl von der Ausführung als auch vom Erhaltungszustand her ihresgleichen. Von der UNESCO wurden sie daher als besonders schützenswert eingestuft und zum Weltkulturerbe der Menschheit erklärt.

befinden, gehören sicherlich zum Schönsten, was es in Italien zu besichtigen gibt.
Ravenna ist heute eine Kleinstadt, und nur noch wenig erinnert daran, daß sich hier einmal die Hauptstadt des Weströmischen Reiches und später der Sitz des byzantinischen Exarchen befand. Auch von jener Zeit, als Ravenna, viele Jahrhunderte vor Venedig, eine Lagunenstadt auf Holzpfählen war, ist nichts mehr geblieben. Die Lagune versandete, und das Meer zog sich zurück. Heute sind auch die spätrömischen Zivilbauten, die Paläste und Arenen, die Wohnhäuser und Foren verschwunden, und nur noch einige Gotteshäuser ragen wie erhobene Finger einer glorreichen Vergangenheit in das Heute.
Wenn man sich der Basilica di San Vitale nähert, ahnt man nicht, welche Kunstschätze sie birgt, denn daß Äußere des 547 geweihten Gotteshauses ist sehr schlicht – von der alten Pracht heidnischer Tempel keine Spur. Doch sobald man die Kirche betritt, taucht man in eine andere Welt ein: Der große Raum ist rund und verfügt über die typisch byzantinische Kuppel. Zu sehen sind eindrucksvolle Marmorarbeiten und Kapitelle auf kostbaren Säulen. Die Wände sind mit Mosaiken ausgeschmückt, die Episoden aus dem Alten Testament erzählen. Zu sehen sind auch weltliche Szenen wie die prächtige Kaiserin Theodora inmitten ihres ebenso prächtigen Gefolges. Neben ihr blickt Kaiser Justinian auf die Kirchen-

Die Glaubenswelt des Mittelalters ist hier mit archaischer Kraft dargestellt (oben). Mosaikwerkstätten und Restauratoren arbeiten gegen den »Zahn der Zeit« (unten).

besucher herab, auch er in Gesellschaft eines kostbar gewandeten Hofstaats.
Die Mosaiken im Battistero Neoniano, einer Taufkapelle aus dem 6. Jahrhundert, die von einem Bischof namens Neon errichtet wurde, sind nicht weniger faszinierend: Die Vielfalt der überaus phantasievollen Motive in den Entlastungsbögen ist nur schwer in Worte zu fassen; die Kunstfertigkeit der späten Römerzeit erreicht hier ihre letzte Blüte.
Wie sehr die byzantinische Kunst noch vom Realitätssinn der römischen Mosaikmeister beeinflußt war, läßt sich in der Basilica di Sant'Apollinare in Classe nachvollziehen: Die Figuren der auf einem Sims (welcher von 26 Marmorsäulen getragen wird) angebrachten Mosaiken wirken wie Malereien. Ebenfalls staunen kann man im Mausoleum der Galla Placidia; sie war die Schwester von Kaiser Honorius und machte sich einen zweifelhaften Namen wegen ihrer orientalisch anmutenden Hofhaltung. Die im 5. Jahrhundert in Form eines lateinischen Kreuzes errichtete Kapelle ist mit wertvollen und wunderschönen Mosaiken im römischen Stil ausgeschmückt, unter anderem mit Blumen und zahllosen Sternen, symbolischen Darstellungen und einem prächtigen Christus.

Ein sagenhafter Herrscher

Ebenfalls in Ravenna befindet sich ein Gebäude, das Kunsthistorikern Rätsel aufgibt: das Mausoleum Theoderichs des Großen, des Königs der Ostgoten. Theoderich (um 451–526) war als Geisel am Hof von Konstantinopel aufgewachsen und lenkte als König das Geschick der Ostgoten. Seine Regentschaft gilt als goldenes Zeitalter; die Sagengestalt Dietrich von Bern, das Idealbild eines Ritters, geht auf ihn zurück. Noch zu seinen Lebzeiten ließ Theoderich sein Mausoleum errichten: Der zweigeschossige Bau ist von einer Kuppel von 11 Metern Durchmesser bedeckt und besteht aus einem einzigen Wölbungsstein. Unter dieser Kuppel steht eine Wanne aus Porphyr, in der sich der Leichnam Theoderichs befand. Noch heute ist ungeklärt, wie man den gewaltigen Kuppelstein auf das Mausoleum hievte.

In Trient beginnt Italien wirklich (rechts): Je weiter man nach Süden fährt, desto typischer wird die Architektur, die sich vor allem in Nord- und Mittelitalien in zahllosen Prachtvillen wie der Villa Barbaro in Maser äußert (unten).

Ob Grappa, Melone oder Schinken: Auch durch ihre kulinarischen Vorlieben und Spezialitäten verrät sich eine Region.

Dom San Pietro mit seinen Gemälden von Tizian und Pordenone zeugen von glorreicheren Zeiten.
Der heute eher stille und verträumte Ort *Portogruaro* war bis ins 16. Jahrhundert hinein ein munterer Hafen. Ebenfalls auf eine bewegte Vergangenheit kann das Städtchen *Aquileia* zurückblicken, das einmal eines der wichtigsten Zentren des Weströmischen Reiches war; 452 wurde es von Hunnenkönig Attila dem Erdboden gleichgemacht. Die vertriebenen Aquilesen suchten in dem Lagunenort *Grado* Zuflucht; er ist heute ein überlaufener Badeort mit einer hübschen kleinen Altstadt.

Zwischen der Lagune und dem Meer führt die Straße am malerischen Fischerdorf Duino vorbei weiter nach *Triest*. Der mitteleuropäische Charme dieser Stadt und ihre gemütlichen Kaffeehäuser erinnern an die über fünfhundertjährige Herrschaft der österreichischen Habsburger: Erst 1918 kam man zu Italien.

Grenzland zwischen Ost und West. Gen Norden an der kroatischen Grenze entlang kommt man nach *Gorizia* (Görz). Im Zweiten Weltkrieg war das Städtchen Schauplatz heftiger Kämpfe und wurde arg mitgenommen, später aber mit viel Liebe fürs Detail wieder aufgebaut. Historisch mehr zu bieten hat das mittelalterliche *Cividale del Friuli* in der Nähe: Hier erhebt sich der Tempietto Longobardo aus dem 8. Jahrhundert, eines der schönsten frühmittelalterlichen Gebäude ganz Nordostitaliens.
Die friulische Stadt *Udine* wurde in der Tagliamentoebene gegründet: 983 machte Kaiser Otto II. dem Patriarchen von Aquileia das dortige Kastell zum Geschenk. Südwestlich von Udine, bei *Passariano*,

lohnt der Besuch der barocken Villa Manin. Auch *Palmanova* lockt: 1593 ließ Venedig diese sternförmige Festungsstadt zur Verteidigung gegen Türken und Habsburger errichten.

An Pordenone und Vittorio Veneto vorbei passiert man ein Tal zwischen den Bergen des Bosco del Consiglio und Nevegal und erreicht das malerische *Belluno*: Im Norden grüßen die Dolomiten und im Süden die Belluneser Voralpen.

In *Feltre*, einem Städtchen, das seinen historischen Kern aus dem 16. Jahrhundert nahezu intakt erhalten konnte, verführt die Via Mezzaterra mit ihren alten Gebäuden und Portalen zu einem Bummel durch die vergangenen Jahrhunderte.

Die Heimat des Grappa. In *Maser* errichtete Palladio 1560 die Prachtvilla Barbaro; die Fresken von Paolo Veronese gehören zu den schönsten des Künstlers. In der Nähe liegt *Asolo*, wo im 15. Jahrhundert Caterina Cornaro hofhielt, die Ex-Königin von Zypern, die aus politischen Gründen ihren Mann vergiftet hatte.

Nahe Asolo verweist der Monte Grappa auf den Grappa, der in den Destillerien von *Bassano del Grappa* produziert wird. Bassano und Trient sind über eine Straße verbunden, die durch das *Val Sugana* führt. Von Castel Telvana bei Borgo Valsugana aus schweift der Blick Richtung Trient, wo die Rundfahrt an ihren Ausgangspunkt zurückkehrt.

Arkaden und Bogengänge liebt man besonders in Norditalien, wie hier in Treviso.

Strahlende Repräsentationsbauten wie die Villa Scotti Pasini in Asolo (links) leistete sich jede Adelsfamilie, die das nötige Geld besaß. Diese Villen zeugen heute von der vielleicht glanzvollsten Epoche der italienischen Neuzeit.

Die Heimat des spritzigen Prosecco: Valdobbiadene.

Planen und erleben...

Von der fürstbischöflichen Zeit Trients erzählen die Bürgerhäuser am Domplatz.

km	Entfernungen	
km	**Trient**	805
	150 km	
150	**Verona**	657
	90 km	
240	**Padua**	567
	37 km	
277	**Venedig**	530
	150 km	
427	**Triest**	380
	74 km	
500	**Udine**	305
	215 km	
715	**Bassano del Grappa**	90
	56 km	
770	**Borgo Valsugana**	35
	35 km	
805	**Trient**	km

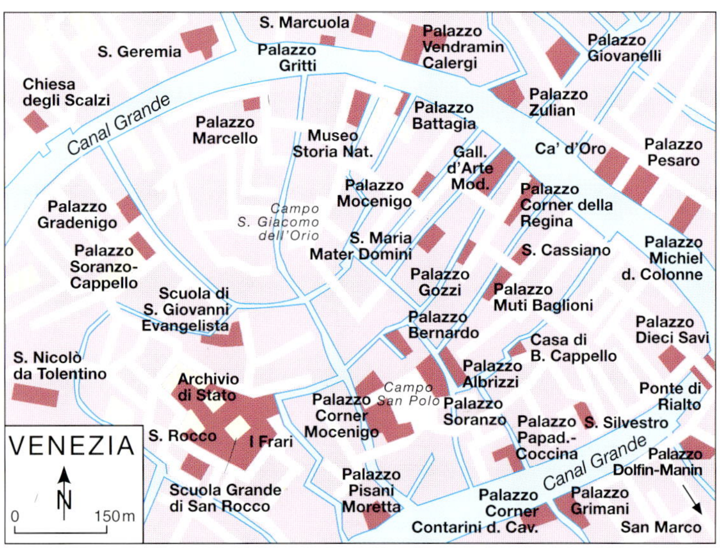

Die Highlights

TRIENT

Trient, italienisch Trento, ist die kunsthistorisch interessanteste Ortschaft des Trentino. Von den glorreichen Zeiten, als Trient von den einflußreichen Fürstbischöfen regiert wurde, zeugen zahlreiche Gebäude aus Renaissance und Barock sowie das Castello del Buonconsiglio, das auf eine bewegte Geschichte zurückblickt. Am schönsten ist es in Trient aber sicherlich auf der Piazza del Duomo, die umstellt ist von uralten Häusern und zinnenbekränzten Wehrtürmen. Bei einem Bummel zeugen die mit Wandmalereien verzierten Bürgerhäuser vom einstigen Reichtum der Stadt. Man achte auf die wechselnden Kunstausstellungen im Schloß und besuche auch das Museo Provinciale: Die gezeigten Holzschnitzereien sind Meisterwerke der norditalienischen Renaissancekunst.

GARDASEE

Empfehlenswert ist eine Rundfahrt mit dem Schiff über den See und mit dem Wagen an den beiden Seeuferstraßen entlang. Eine Kaffee- oder Cappuccinopause empfiehlt sich im malerischen Malcesine oder in Limone. Unbedingt besuchen sollte

Der Ponte Nuovo überbrückt in Verona die Etsch aus den Alpen.

man die Reste der römischen Villa am Kap von Sirmione. Auch eine Bootsfahrt am Westufer bei Salò und der Besuch der eigenwilligen Villa des Dichters Gabriele D'Annunzio gehören zum absoluten Muß.

VERONA

Veronas Stadtbild gehört zu den schönsten, intaktesten und gepflegtesten ganz Italiens. Tagsüber sollte man sich treiben lassen und abends, falls man im Juli oder August dort ist, eine der Opernvorstellungen in der 15 000 Menschen fassenden römischen Arena gönnen. Lohnenswert ist auch die Besichtigung des Kunstmuseums im Castelvecchio sowie der romanischen Kirche San Zeno Maggiore. Im Kreuzgang der Kirche San Francesco al Corso sollen sich Romeo und Julia vermählt haben, und hier findet sich auch das Grab der jungen Dame. Der berühmte Balkon hingegen, unter dem man zu jeder Uhrzeit Gruppen von knipsenden Japanern finden kann, ist nicht authentisch.

VICENZA

Eine kleine und elegante Stadt, deren historisches Zentrum von Andrea Palladio geprägt wurde. Interessant ist das Teatro Olimpico, ein Theater ganz aus Holz und Stuck von 1580. Über die Malerei der norditalienischen Renaissance kann man sich im Museo Civico informieren; beim Shoppingbummel über den Corso Palladio sollte man jedoch nicht nur auf die Geschäfte achten: Die lange Straße besteht aus wunderschönen Palästen. Rasten muß man einfach auf der vornehmen Piazza dei Signori, einem beliebten Treffpunkt der Einwohner.

Die Gardesana passiert eine reizvolle, wilde Uferlandschaft.

PADUA – BRENTAKANAL

Wer etwas verloren hat, wende sich in der Basilica del Santo an den heiligen Antonius: Die Gläubigen beten zu ihm, damit er ihnen den verlorenen Gegenstand wiederbringt. Die Kirche ist ein Meisterwerk des romanisch-gotischen Stils und im Lauf der Jahrhunderte mit beachtenswerten Kunstwerken ausgeschmückt worden. Nach der Besichtigungstour kann man sich dann erst einmal im restaurierten Caffè Pedrocchi ausruhen: Das neoklassizistische Kaffeehaus ist der schickste Treffpunkt der Paduaner. In der Nähe von Padua liegt der Brentakanal, der nach Venedig führt. An seinen Ufern erheben sich zu beiden Seiten die barocken Residenzen des venezianischen Adels; einige dieser »Villen« sind mittlerweile verstaatlicht und besitzen riesige Parkanlagen.

Die Basilika von Vicenza.

VENEDIG
Die Lagunenstadt lockt vor allem in den Sommermonaten viel mehr Besucher an, als sie letztlich verkraften kann. Am besten stattet man daher der Stadt frühmorgens oder abends einen Besuch ab – oder nimmt sich, was noch besser ist, ein Hotelzimmer auf der Giudeccainsel, idealerweise mit Blick auf den Markusplatz. Besonders schön ist ein nächtlicher Spaziergang durch die zauberhafteste Stadt der Welt. Man sollte sich einfach treiben lassen und den Stadtplan im Hotel vergessen: So entdeckt man am leichtesten traumhaft

Ausruhen in idyllischer Umgebung: der Park von Miramare.

romantische Ecken. Die an den Markusplatz angrenzenden Gebäude bieten das ganze Jahr über interessante Wechselausstellungen zu alter und moderner Kunst, und alle zwei Jahre zeigen Gegenwartskünstler in den städtischen Gärten und im Arsenale auf der »Biennale« ihre neuesten Werke und Provokationen. Ausflüge mit dem Boot kann man auf die Inseln Burano, Murano und Torcello machen. Ein weiterer Tip: Falls möglich, bleibe man nicht nur einen Tag in Venedig. Man benötigt für diese Stadt schon ein wenig mehr Zeit.

RAVENNA
Glanzpunkte der Kunstgeschichte sind San Vitale, das Mausoleum der Galla Placidia, das Baptisterium sowie Sant'Apollinare Nuovo und Sant'Apollinare, denn in diesen Kirchen und Kapellen finden sich die schönsten spätrömischen Fresken Italiens: Sie spiegeln die orientalische Pracht wider, die am

Sant' Apollinare in Classe.

Hof von Byzanz herrschte. Die großen, frühchristlichen Kirchen stehen teilweise einsam und malerisch in der Landschaft. Von der Größe der ehemaligen Kaiserstadt Ravenna ist jedoch ansonsten gar nichts mehr übriggeblieben.

TRIEST
Eine italienische Stadt mit österreichischem Flair, gemütlichen Kaffeehäusern und Konditoreien, die die sonst in Italien leider seltenen Torten backen. Vom Turm der Basilica di San Giusto hat man bei klarem Wetter einen atemberaubenden Blick auf die Stadt, das Meer und die karstigen Hügel des Umlandes. In acht nehmen sollte man sich vor der »Bora«, einem mehr als heftigen Wind, der schon so manchen Baum umgeworfen hat.

Prächtige Kulisse: der Markusplatz in Venedig im abendlichen Glanz.

Tips für unterwegs

Am schönsten ist es, von Trient aus über die kleinen Straßen zum Gardasee zu fahren. Unbedingt aufpassen muß man auf der Autobahn zwischen Verona und Padua: Sie nimmt bei den Unfällen durch falsches und aggressives Fahrverhalten einen Spitzenplatz in Italien ein.

SOUVENIRS
Probieren sollte man möglichst alle Weine, die man auf dieser Route antrifft: in Südtirol einen Gewürztraminer, einen Terlaner oder einen Lagrein-Kretzer, in Venetien den erfrischenden Prosecco, den roten Bardolino und den leichten Valpolicella und im Friaul die Weine der Colli Friulani und den leichten Verduzzo. Die Winzer sind ausländische Besucher gewohnt. Als Mitbringsel eignen sich die zum Teil sehr hübschen Glasblaskunst-Stücke aus Murano; eine Spezialität aus Trento sind die Kleidungsstücke aus »lana cotta« (gekochter Wolle).

Die andere Seite der Lagune

Wenn man mehr von Venedig sehen will als der Tagestourist, nehme man sich ein Vaporetto und lasse sich in die Lagune fahren: etwa zum Lido, wo Thomas Mann den »Tod in Venedig« schrieb und im wunderschönen »Hôtel des Bains« wohnte – ein Luxushotel, das einen Besuch lohnt, auch wenn man nicht das nötige Kleingeld hat, um dort übernachten zu können. Die Strände des Lido gehören zu den elegantesten und gepflegtesten Italiens.

Besonders malerisch ist es auch auf der Insel Burano, deren kleine Häuser farbenfroh bemalt sind. Während man sich auf Murano auf die Herstellung von Glaskunst und -kitsch spezialisiert hat, bieten die Bewohner von Burano ihre meisterhaften Klöppelarbeiten feil. Verträumt präsentiert sich noch Torcello: Von dem lebhaften Ort, der seit dem 14. Jahrhundert kontinuierlich verfiel, ist lediglich eine phantastische spätantike Kirche mit byzantinischen Mosaiken geblieben; in dem Gotteshaus steht auch jener Thron, auf dem Hunnenfürst Attila gesessen haben soll. In der berühmten »Locanda Cipriani« sollte man zumindest Pasta bestellen; hier aß und wohnte auch schon Ernest Hemingway.

In der einstigen k.u.k. Hafenstadt Triest erinnert viel an die österreichische Zeit.

Eine unwirtlich schroffe und doch majestätische Fels- und Gletscherwelt bestimmt den Nationalpark Gran Paradiso in den hohen Lagen des Aostatals.

Vom Aostatal an den Lago Maggiore

ROUTE 2

Durch das Piemont über die Riviera nach Ligurien und via Mailand an die großen lombardischen Seen: Die zuweilen schroffen nordisch-alpinen Gefilde werden von Stränden und Ufern voll südlicher Heiterkeit abgelöst.

Rauhe Berge und liebliche Gestade

Wo Italien am schweizerischsten ist und die Riviera am italienischsten, wo die edlen Trüffel gedeihen und der Städtebau die bizarrsten Blüten treibt, wo man die so weiche Sprache mit dem härtesten Akzent spricht, da gilt es viel Widersprüchliches zu verarbeiten: Doch die Ecken und Kanten wirken hier harmonisierend und runden das Bild dieser Landschaft ab.

Erblickt man am italienischen Ende des Großen-Sankt-Bernhard- oder des Montblanc-Tunnels das Licht der Welt wieder, so landet man direkt im *Aostatal*, das von enormen Bergen erdrückt zu werden scheint. Mit dem Tourismus und der A 5 Richtung Turin ist aus dem einstmals so stillen und weltabgeschiedenen Tal eine der meistbesuchten Regionen Norditaliens geworden. Doch wer steile Bergstraßen und lange Wanderwege liebt, wird auch hier noch urtümliche Dörfer finden.

Trüffel sind nicht die einzige Kostbarkeit, die das westliche Oberitalien zu bieten hat; daneben laden auch herrliche Natur und blühende Städte zu einem Besuch ein.

Hauptort des Tals ist *Aosta*, umgeben von einer grandiosen Bergwelt. Das Stadtbild wird durch einen Triumphbogen des Augustus, der der Stadt auch den Namen gab, römische Ruinen und mittelalterliche Kirchen geprägt. Die Atmosphäre ist die eines ehemaligen Bergortes, der heutzutage in der Hauptsache vom Tourismus lebt. Echte italienische Stimmung will allerdings nicht recht aufkommen: Die Bewohner der heute autonomen Region Aosta fühlen sich den Franzosen verwandter als den Italienern. In einigen Weilern, die – typisch für das Aostatal – aus steingedeckten Häusern bestehen, wird sogar immer noch ein provençalischer Dialekt gesprochen: ein Hinweis darauf, daß im Mittelalter Angehörige der Waldenser-Bruderschaft aus Südfrankreich in das wilde Tal kamen, um hier, unbehelligt von den Kreuzrittern und Inquisitoren, ihren der Kirche nicht genehmen Glauben leben zu können.

Rechts der Autobahn erhebt sich das *Castello di Fenis*, der Prototyp einer Burg, der für das Tal typisch ist. Mondän geht es in *Saint-Vincent* zu, wo im 18. Jahrhundert der Abt Jean-Baptiste Perret eine Heilwasserquelle anstach und das Örtchen damit berühmt machte; seit Kriegsende gibt sich hier nun bevorzugt die Turiner High Society ein Stelldichein.

Daran, daß das auf halber Strecke nach Turin gelegene *Ivrea* einmal Eporedia hieß und eine römische Kolonie war, erinnert in der heutigen, modernen Stadt so gut wie nichts mehr; berühmt ist Ivrea eigentlich nur deshalb, weil ein gewisser Camillo Olivetti hier 1908 einen inzwischen international bekannten Büromaschinenkonzern gründete.

Wallfahrtsort für Gläubige und Autofans. Den vielleicht schönsten Blick auf die ehemalige Königsstadt Turin am Po hat man von der Terrasse vor der Basilica di Superga aus: Dieses barocke Gotteshaus thront wie eine Käseglocke in 670 Meter Meereshöhe über der Stadt. Um hierher zu gelangen, empfiehlt es sich, die Autobahn bei Chivasso zu verlassen und über die Landstraße Richtung Turin weiterzufahren; hinter Gassino führt dann eine Straße zur Superga hinauf.

Turin ist eine eigenartige Stadt: von italienischem Flair keine Spur. Die Architektur wirkt eher abweisend, ja sie erinnert sogar an das nahe Frankreich. Das Herr-

Valtournanche im Aostatal: Ortsnamen wie dieser verraten die unmittelbare Nähe zur französischen Sprachgemeinschaft.

Trauben gehören zum großen Kapital Norditaliens.

Wechselhaftes Panorama: Nesso am Comer See (rechts oben), die Hügellandschaft der Langhe bei Alba (rechts unten) und das Wolkenmeer vom Gipfel des Gran Paradiso aus (unten).

Daß die Italiener schon seit den Anfängen ihrer Kultur eine Seefahrernation waren, erfährt man im Schiffahrtsmuseum von Imperia.

»Ich kann mir so etwas wie Genua nicht in Ruinen vorstellen. So massive Gewölbe, so gewichtige Fundamente wie diese, die solch breit ausladende Bauwerke tragen, haben wir selten gesehen, und sicherlich könnten die großen Steinblöcke, aus denen diese Häuser erbaut sind, niemals verfallen …«

Mark Twain, Gedanken zu Genua, 1888

scherhaus von Savoyen hat Turin mit beachtenswerten Bauwerken ausgestattet, und auch wenn seit Beginn des 20. Jahrhunderts so manches historische Gebäude skrupellos abgerissen wurde, zeugen doch immer noch genügend barocke Straßenzüge und Stadtviertel, der Palazzo Madama mit seiner wunderbaren Gemäldesammlung, das Schloß sowie die römischen Relikte von der einstigen Größe und Schönheit dieser Stadt.
Im Turiner Dom wird das ob seiner Echtheit umstrittene Turiner Grabtuch – angeblich das Leichentuch Jesu Christi – aufbewahrt und alle paar Jahre der Öffentlichkeit gezeigt. Für Autonarren ist ein Besuch im gigantischen Lingotto, Turins heutigem Kongreßzentrum, interessant: Wo früher die Familie Agnelli auf dem Dach die neuen Modelle ihres Autohauses probefahren ließ, wird heute Musik und Theater gespielt, und wer das Automobilmuseum aufsucht, kann die historischen Fiat-Modelle sehen. Das Ägyptische Museum von Turin gehört neben dem Louvre in Paris zum reichsten dieser Art in ganz Europa – nur in Kairo gibt es noch mehr Mumien. Turin ist von einem Kranz königlicher Villen und Paläste umgeben: 10 Kilometer südwestlich beispielsweise prunkt das *Jagdschloß Stupinigi* im prächtigsten Rokoko mit zahllosen Sälen und Korridoren; Filippo Juvarra, Hofarchitekt der Familie Savoyen, baute ab 1729 an diesem prächtigen Jagdschloß.

Gaumenfreuden und Augenschmaus. Von Turin aus empfehlen sich zwei Routen an die Riviera: Die eine führt über Cuneo und den Colle di Tenda, der durch einen Tunnel Italien und Frankreich verbindet, ein kurzes Stück durch Frankreich hinab ans Meer; die zweite jedoch, die in Italien bleibt, ist die landschaftlich und kulturell reizvollere. Ihre erste Station ist *Alba*, wo Feinschmecker voll auf ihre Kosten kommen werden – denn in der Umgebung des Städtchens mit seinem mittelalterlichen Stadtkern, den Türmen und barocken Kirchen schnüffeln Schweine und Hunde nach den weißen Trüffeln von Alba. Zu Gerichten mit dem Edelpilz sollte man die ausgezeichneten Weine aus dem Anbaugebiet der Langhe – sie gehören zu den besten Italiens – verkosten.
Weiter geht es ins kleine Benevello und von dort über Bossolasco ins pittoreske *Ceva* mit seinen alten Bogengängen und Arkaden. Das nahe *Ormea* erhielt seinen Namen von der »olme« – jener Ulme, die das Dorf im Tal des Tanaro dominiert. Die

Felsennestern gleichen die Orte an der ligurischen Küste.

Die Küstenstraße bei Finale Ligure bietet herrliche Ausblicke.

Straße schlängelt sich weiter durch die Täler bis *Pieve di Teco*, das seinen Ortscharakter aus dem 14. Jahrhundert fast vollkommen beibehalten hat.

Über Serpentinen und schöne Aussichtspunkte geht es nach *Triora*, wo rund vierhundert Einwohner zwischen den Resten von fünf Burgen und sieben Toren leben. Weiter windet sich die Straße bis auf 1127 Meter Höhe hinauf nach *Pigna*, dessen enge Gassen, zahlreiche Bogengänge und uralte Häuser einer anderen Zeit zu entspringen erscheinen. Danach wechselt die landschaftliche Szenerie radikal: Die Straße führt hinab an die Riviera.

Die Hanbury-Gärten bei Ventimiglia: eine exotische Oase.

Ligurien lockt mit herrlichen Küstenabschnitten und kleinen, hübschen Ortschaften.

Die Schöne des Mittelmeers. »La Riviera« ist ein wahres Paradies für Reisende, die südliche Atmosphäre mit ausgeglichenem und mildem Klima, traditionelle Seebäder und beeindruckende Grandhotels suchen, leichte Fischküche und kleine Buchten lieben und sich vom Flair romantischer Hafenorte verführen lassen wollen. *Ventimiglia* etwa, wo man den Park der Giardini Hanbury besuchen sollte, ist der ideale Ausgangspunkt für Ausflüge an die Côte d'Azur, nach Menton, Monte Carlo und Nizza.

Hier fahren die Fischer nicht nur für die Touristen aufs Meer hinaus – sie leben noch davon.

Der römische Zensor Aurelius Cotta ließ um 241 v. Chr. entlang der Küste Etruriens von Rom bis Cosa eine Straße anlegen, die rund hundert Jahre später bis Pisa ausgebaut wurde. Von dort führte die sogenannte Via Aurelia nach Genua und Nizza, später auch weiter nach Nîmes, Narbonne und Toulouse und sogar bis nach Cartagena – also fast eine Autobahn der Antike! Heute heißt diese Straße so schlicht wie prägnant N 1 und beginnt, wenn man von Frankreich kommt, in *San Remo*. Bekannt durch seine Blumenfelder und sein populäres Schlagerfestival, verfügt dieses Städtchen am Meer über all das italienische Flair, das der Norden vermissen läßt: ein Flair, von dem in der Ver-

Zeugen verblaßten Glanzes: Genua, einstmals die Perle der italienischen Riviera, läßt an der Piazza di Ferrari eine stolze Vergangenheit ahnen.

San Remo eilt nicht zu Unrecht der Ruf einer Blumenkönigin voraus (unten). Die Küstenstraßen an der Riviera erfordern fahrerisches Können und erhöhte Aufmerksamkeit (darunter).

gangenheit reiche Engländer, Aristokraten und Literaten angezogen wurden. Besuchenswert ist »la Pigna«, die historische Altstadt, die sich den Abhang hinaufzieht. Vom Santuario della Madonna della Costa aus hat man bei klarem Wetter einen wahrhaft atemberaubenden Blick auf die Riviera.
Achtundzwanzig Kilometer östlich von San Remo lockt das doppelgesichtige *Imperia*. Diese Kleinstadt hat zwei Häfen, zwei Stadtteile – nämlich Porto Maurizio und Oneglia – und zwei verschiedene Entstehungsgeschichten zu bieten; erst 1923 wurden die beiden bis dahin eigenständigen Ortschaften zu einer einzigen Stadt vereinigt. Porto Maurizio entstand an den Hängen eines am Meer gelegenen Hügels, während Oneglia sich am Ufer des Flusses Impero entwickelte.
Albenga, rund 30 Kilometer weiter östlich, war in der Antike und im Mittelalter eine Hafenstadt und verfügt über ein nahezu intaktes historisches Stadtzentrum. Im Lauf der Zeit zog sich das Wasser jedoch immer weiter zurück, und die Stadt wurde vom Meer abgetrennt. Albenga gilt als eine der schönsten und architektonisch interessantesten Ortschaften der Riviera; Dom und Baptisterium sind frühchristlichen Ursprungs.
Auch *Noli*, das auf dem Weg nach Savona liegt und um eine Burg entstanden ist, hat sein altes Stadtbild nicht verloren und verfügt mit San Paragorio über eine der schönsten mittelalterlichen Kirchen der ganzen Riviera. Die Straße passiert kleine und malerisch gelegene Ortschaften und

Fortsetzung Seite 60

Es müssen nicht immer Sandstrände sein: Camogli in der Nähe der Hafenstadt Genua.

Ein Boot schöner als das andere: im Hafen von Portofino.

Wo die Uhren noch langsam gehen

Die Cinque Terre (»fünf Länder«) in Ligurien, die an der Küste wie Perlen an einer Kette aufgereiht sind, setzen sich aus den Orten Monterosso al Mare, Riomaggiore, Vernazza, Corniglia und Manarola zusammen. Ihre geographische Isolation war zwar in der Vergangenheit der Grund für die chronische Armut der Cinque Terre – aber auch eine Garantie für ihre Sicherheit, denn es war fast unmöglich, sie vom Festland aus zu erobern. Die Cinque Terre sind vor allem vom Meer aus malerisch: Man sollte deshalb ein kleines Boot mieten oder an Bord eines der

Ausflugsschiffe gehen und die Küste entlangfahren. Zwischen Monterosso al Mare und Riomaggiore sieht man die fünf kleinen, verwinkelten Ortschaften aus bunt angestrichenen Häusern, die dicht gedrängt auf den Felsen direkt am und über dem Meer kleben. Daß auf der Via Aurelia oberhalb dieser Ortschaften ein infernalischer Verkehr tobt, merkt man auf einem Boot nicht. Die Cinque Terre präsentieren sich vielmehr so wie in früheren Zeiten, als ihre Bewohner noch nicht hauptsächlich vom Tourismus lebten und auf manche Bequemlichkeit verzichten mußten.

Wenn man mit dem Wagen unterwegs ist, muß man sich genau überlegen, in welchem Ort man parken will: Das Umkehren auf der Aurelia ist kein Zuckerschlecken,

und auch die neue Straße, die die fünf Ortschaften verbindet, welche jeweils über abzweigende, extrem steile Stichstraßen erreicht werden können, ist nichts für ungeübte Autofahrer; am besten ist es da in jedem Fall, den Wagen stehenzulassen. Zu Fuß sind beispielsweise Manarola und Riomaggiore über den sogenannten Via dell'Amore, den Liebesweg, zu erwandern. Dieser Wanderpfad, der seinen Anfang beim Bahnhof von

In den Cinque Terre (oben bei Vernazza) findet man noch heute jenes romantische Italien, das zu suchen die ersten deutschen Touristen in den fünfziger Jahren aufgebrochen waren.

Manarola nimmt, führt über Felsen und hoch über dem Meer an der Küste entlang und ist besonders abends bei Sonnenuntergang romantisch und nicht nur Liebespaaren zu empfehlen. Im Sommer ist man hier selbst in der Nacht nicht unter sich: Da junge Paare in Italien so gut wie nie allein sein können, nutzen sie natürlich besonders gern den dunklen Wanderweg.

Wer erleben möchte, wie es in früheren Zeiten in den Cinque Terre zuging, muß beispielsweise am frühen Abend nach Riomaggiore kommen. Wenn man den steil abfallenden Weg zum Minihafen gefunden hat – die hohen, schlanken und teils rot angestrichenen Häuser

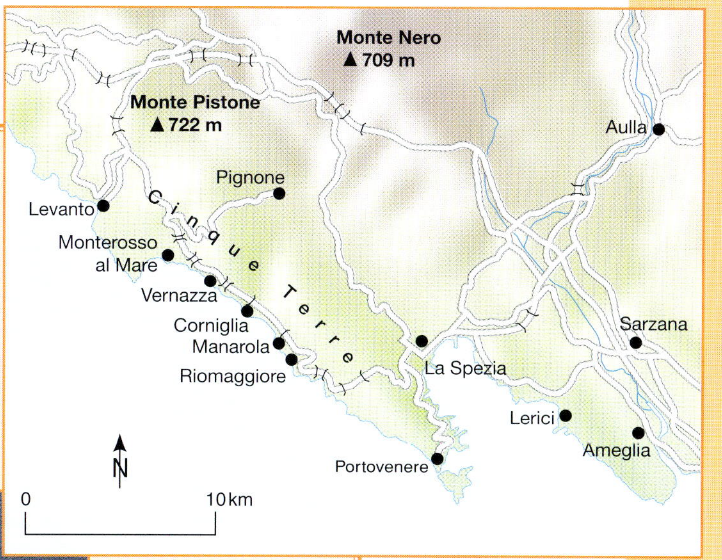

ragen hier wie Felswände in die Höhe –, dann kann man miterleben, wie Fischer aufs Meer hinausfahren. In der Regel geschieht das zu einer Uhrzeit, in der die Busladungen von Tagestouristen schon wieder weggefahren sind und die Cinque Terre langsam zur Ruhe kommen. Auf dem offenen Meer zünden die Fischer dann Laternen an, so daß man bei leichtem Seegang den Eindruck gewinnt, auf dem Meer würden Sterne schwimmen.

Liebhaber von Fischen und Schiffen kommen an der ligurischen Küste auf ihre Kosten.

Das Gold der Cinque Terre

Während man am Meer vom Fischfang lebt, wird oberhalb der Ortschaften seit der Römerzeit Wein angebaut – und das unter großen Mühen, wie ein Blick vom Meer auf die steilen Berghänge mit ihren Hunderten von Anbauterrassen erahnen läßt. Der wohl beste Tropfen dieser spröden Landschaft ist der »Sciachetra«, ein extrem trockener Wein von goldener Farbe. Man sollte den freundlichen Ladenbesitzern in den Cinque Terre nicht trauen, wenn sie Sciachetra zu astronomischen Preisen anbieten: Meistens handelt es sich dabei um drittklassige Ware, die mit dem echten edlen Tropfen nichts gemein hat. So muß man also auf die Suche nach jenen wenigen Winzern gehen, die weder Mühen noch Kosten scheuen, diesen heute selten gewordenen Wein anzubauen.

erreicht *Savona*, eine quirlige Stadt mit einem Dom, einer Pinakothek und diversen Renaissance- und Barockpalästen.

Zwischen Bausünden und Idylle. Richtig großstädtisch wird es erst wieder in

Genua. Die meisten neuen Viertel dieser Stadt mit fast einer Million Einwohnern kleben an zum Teil steil aus dem Meer aufragenden Felsen und Bergen. Wer selber sehen will, wie die Küstenstadt mit Platzproblemen alle erklimmbaren Felsen und Hügel hinaufwächst und

Das abendliche Bergamo bereitet sich auf eine romantische Sommernacht vor (oben). Die Cafés und Geschäfte im modisch-reservierten Mailand lassen zuweilen vergessen, daß man in Italien ist: Französisches Flair ist angesagt – es scheint fast, als wolle man auch hierin den Alta-Moda-Konkurrenten Paris herausfordern (Mitte und rechts).

welche Bausünden dabei begangen wurden und werden, der sollte die A12 nehmen, die bei Genua zur Stadtautobahn wird: Nach jedem weiteren Tunnel wird er nur noch entsetzter den Kopf schütteln über die Zerstörung einer früher wahrlich traumhaften Landschaft. Von Genuas großartiger Vergangenheit als reiche und mächtige Seerepublik zeugen heutzutage nur noch das barocke Stadtzentrum und das, so behaupten jedenfalls die Genuesen, umfangreichste mittelalterliche Straßengewirr von ganz Europa.

Die Via Aurelia schlängelt sich von Genua aus zu einem Abstecher nach Süden immer an der Küste entlang nach *La Spezia*, vorbei an den pittoresken *Cinque Terre* – fünf Ortschaften, die auch heute noch am besten zu Fuß besucht werden: Autos haben wegen der engen und steilen Straßen hier eigentlich nichts verloren. Am schönsten ist vielleicht Vernazza – der Ort wirkt

Traumkulisse für Generationen von Opernsängern: die Mailänder Scala (links). Großstädtischer Chic gehört ebenso zum Stadtbild Mailands wie der Arco della Pace.

mit seinen hohen und bunten Häusern, die eng aneinandergeschmiegt über einer Minibucht zusammenstehen, vom Meer aus wie ein lustiges Spielzeugdorf.

Zwischen der Mittelmeermetropole Genua und der gen Norden im Landesinnern gelegenen backsteinroten Kleinstadt *Pavia* liegen nur 125 Kilometer, auf denen die Landschaft ihr Gesicht radikal verändert. Die Provinz Pavia ist Weinliebhabern gut bekannt: Hier werden der Barbera gekeltert, der Moscato, der Pinot Nero und ein spritziger Riesling Spumante. Die Stadt Pavia strotzt nur so vor mittelalterlichen Monumenten: San Pietro in Ciel d'Oro mit dem Grab des heiligen Augustinus, das Castello Visconteo und San Michele demonstrieren, welch große Bedeutung es ab dem 10. Jahrhundert hatte.

Unweit der Stadt findet sich auch die berühmte Certosa di Pavia, eine der mächtigsten Kartausen Italiens: Gian Galeazzo

Die Blumenriviera

Von der Riviera kamen in den fünfziger Jahren die Schnittblumen nach Deutschland. Noch heute fallen die riesigen Plastikplanen an den Hängen auf, unter denen Millionen von Blumen wachsen. Die Blumenriviera und ihr Hauptort San Remo, der jeden Sommer mit seinem üppigen Blumenschmuck wie ein botanischer Garten wirkt, ist aber nicht nur wegen ihrer fleißigen Gärtner ein Begriff: Sie ist, wie auch die benachbarte Côte d'Azur, seit Ende des 19. Jahrhunderts das bevorzugte Reiseziel von VIPs aller Art. Aristokraten, Künstler und Intellektuelle genossen hier in den Grandhotels die milden Jahreszeiten. Noch heute finden sich zahlreiche prächtige Hotels aus dieser Belle Époque.

Ein Handtuch sollte noch Platz haben: Sonnenhungrige.

Berge und Seen bestimmen immer wieder das Gesicht der Landschaft – so auch am Luganer See, den sich Italien mit der Schweiz teilen muß (oben), und im Aostatal mit seiner wilden Natur (Mitte).

Visconti, Herr über Mailand, gründete im Jahr 1396 diese gigantische Anlage, deren Fassade ein Meisterwerk der Marmorkunst des 15. Jahrhunderts ist.

Das Paradies der Seen. Über das großstädtische und städtebaulich eher unattraktive *Mailand*, die Hauptstadt der Mode, geht es weiter nach *Bergamo*. Hier ist die kunsthistorische Welt wieder in Ordnung: »Bergamo alta«, also die Oberstadt, präsentiert sich so, wie man es von einer italienischen Stadt erwartet – mit vielen prächtigen Kirchen und Palästen, Bürgerhäusern und einladenden Plätzen. Perlen Bergamos sind die mittelalterliche Kirche Santa Maria Maggiore, die Renaissancekapelle Colleoni und die 1600 Gemälde umfassende Pinacoteca dell'Accademia Carrara, die eine der schönsten Sammlungen von Norditalien birgt.

Lecco liegt eingezwängt zwischen den östlichsten Ausläufern des *Comer Sees* und bis zu 1500 Meter hohen Bergrücken, und hier nimmt die schöne Uferstraße um den See ihren Anfang, die durch *Bellagio* mit seinen malerisch am See gelegenen Villen Serbelloni und Melzi und nach *Como* führt. Das Erscheinungsbild dieser Stadt ist eine spannende Mischung aus alten und modernen Bauten; die Casa del Fascio beispielsweise, das heute als historisches Monument geschützte ehemalige Parteizentrum der Faschisten von Como, erinnert an den Bauhaus-Stil.

Einen Abstecher über die Uferstraße ist *Tremezzo* wert, denn dort erhebt sich ebenfalls direkt am See die barocke Villa Carlotta. In *Varese* lebt ein Großteil der Bevölkerung von der Schuhproduktion; im 18. Jahrhundert verbrachten Mailänder Aristokraten hier in ihren Villen die Sommerfrische. Von der alten Pracht der Stadt zeugt noch der spätbarocke Palazzo Estense, doch Vareses Stadtzentrum ist von Mussolini mit Neubauten verschan-

Das Alltagsleben in der Bergwelt kann manchmal hart sein: Der Landwirtschaft – die hier noch oft ohne Maschinen auskommen muß – hat schon so manches Unwetter einen bösen Streich gespielt.

delt worden. Ganz in der Nähe lockt der *Luganer See*, den man von dem kleinen Hafen Porto Ceresio aus per Schiff überqueren kann – und schon ist man in der Schweiz, in dem direkt gegenüber und sehr malerisch am Hang gelegenen Tessiner Örtchen *Morcote*.

Über das Valganna-Tal, vorbei an bis zu 2000 Meter hoch aufsteigenden Bergen, erreicht man *Ponte Tresa*: Von hier läßt sich eine große Rundfahrt über den Lago di Lugano unternehmen; von Ponte Tresa nach *Luino* am *Lago Maggiore* ist es nur ein Katzensprung. Dieser in der Hochsaison und vor allem an Markttagen stark von Touristen frequentierte Ort ist der ideale Ausgangspunkt für einen Ausflug zu den phantastischen Gärten und Palästen der Borromäischen Inseln – zum Beispiel der *Isola Bella* im Lago Maggiore.

Kletterparadies Ligurien (oben, bei Finale Ligure). Der norditalienische Lago Maggiore strahlt schon viel südliche Heiterkeit aus (links).

Planen und erleben ...

Wanderfreuden im Piemont.

↓ km	ENTFERNUNGEN	↑
km	**Aostatal/Aosta**	785
	66 km	
66	**Ivrea**	719
	59 km	
125	**Turin**	660
	95 km	
220	**Ceva**	565
	80 km	
300	**San Remo**	485
	95 km	
395	**Genua**	390
	80 km	
475	**Vernazza**	310
	200 km	
675	**Pavia**	110
	30 km	
705	**Mailand**	80
	40 km	
745	**Como**	40
	40 km	
785	**Luino**	km

Das Jagdschloß Stupinigi bei Turin.

Die Highlights

AOSTATAL

Der für italienische Ohren exotische Dialekt der Einwohner dieses jenseits der stark frequentierten Talebene noch stillen und teilweise wildromantischen Tals ist ein eindeutiger Hinweis auf die kulturelle Verbundenheit mit dem nahen Frankreich. Das gleiche gilt auch für die Küche: Viele Gerichte haben französische Namen. Das Kapital des Tals ist die Natur der Bergwelt, in der man ein paar Tage ausspannen und Spaziergänge unternehmen sollte: Der Nationalpark Gran Paradiso mit seinen 70 000 Hektar Fläche ist für Italien erstaunlich gut ausgeschildert. Und wer Ski fahren möchte, sollte sich in Breuil-Cervinia auf 2000 Meter Höhe in einem Hotel einmieten.

Die Porta Palatina gehörte zum römischen Militärlager von Turin.

TURIN

Die alte Königsstadt der Piemontesen bietet ein fast schon französisches Stadtbild, denn viele Baumeister des Barock orientierten sich am Stil des großen Nachbarn. Obwohl Turin im letzten Jahrhundert stark umgebaut worden ist, finden sich immer noch intakte barocke Stadtviertel. Für Autonarren unerläßlich ist ein Besuch im Automobilmuseum, während Kunstliebhaber in der Galleria

Sabauda im Collegio dei Nobili auf ihre Kosten kommen; die neben dem Louvre schönste und reichste Sammlung alt-ägyptischer Kunst und Mumien findet man im Museo Egizio. In der Nähe des Bahnhofs laden gemütliche Kaffeehäuser vom Ende des letzten Jahrhunderts mit roten Plüschsesseln, Spiegeln und ausgezeichneten Torten zu einer Rast ein.

ALBA

Nach Alba kommt man in der Regel zum Essen und Trinken. Die von Hunden und Schweinen erdufteten »tartufi bianchi« gelten als die besten der Welt. Zu einem Gericht mit diesen geschmacksintensiven weißen Trüffeln empfiehlt sich ein Glas roter Barbaresco, Barbera oder auch Barolo – Namen, die Weinliebhabern Tränen der Freude in die Augen treiben. Südlich von Alba, im Hügelland der Langhe, werden die edlen Tropfen angebaut, und sozusagen an jeder Ecke locken Winzer mit Weinproben.

DIE RIVIERA

In den fünfziger Jahren, als Italiener und Deutsche noch nicht so motorisiert waren wie heute, war es hier sicherlich angenehmer; schön sind die Perlen der Riviera, wie San Remo, Imperia und Ventimiglia, jedoch immer noch. Auf das Besuchsprogramm gehört auch ein Ausflug zu dem in einer malerischen Bucht gelegenen Ort Portofino und den Cinque Terre sowie eine Bootsfahrt entlang der Küste, bei der

Hier läßt es sich aushalten: die Uferpromenade von San Remo.

man davon träumen kann, Besitzer einer der zahllosen Traumvillen zu sein, die sich auf den Felsen direkt am Meer erheben.

GENUA
Hier lockt das, so die Genuesen, größte mittelalterliche Stadtzentrum Europas. Doch man sollte auf Handtaschen und Kameras achtgeben: Die Kleinkriminalität ist – neben dem infernalischen Autoverkehr – die zweite üble Plage dieser Großstadt. Bei einem Bummel über die Via Garibaldi kann man die

Botanische Vielfalt in den Hanbury-Gärten bei Ventimiglia.

barocken Paläste erkunden, die sich wie edle Schmuckstücke aneinanderreihen. Reizvoll ist natürlich auch der Besuch der Pinakothek und der Kunstgalerie, und im Palazzo Spinola finden sich neben barocken Gemälden auch prachtvolle und ausgemalte Säle.

BERGAMO
Hier interessiert vor allem zunächst die alte Oberstadt, in der im 16. Jahrhundert die Kunst der Stegreifkomödie, der Commedia dell'arte, entstand. In der reich ausgestatteten Cappella Colleoni aus dem 15. Jahrhundert finden sich Fresken von Tiepolo, in der Unterstadt lockt eine der beeindruckendsten norditalienischen Gemäldegalerien, die Accademia Carrara. Und wenn man Krippen liebt, kommt man im Krippenmuseum des 8 Kilometer südwestlich von Bergamo gelegenen Städtchens Brembo auf seine Kosten: Dort sind 800 Exponate zu bestaunen.

COMER SEE – COMO
Ein See mit malerischen Uferstraßen, in üppigen Gärten gelegenen Villen und gefährlichen Kurven, bei denen man höllisch aufpassen sollte, denn die Einheimischen rasen wie die Besessenen. Der Dom von Como ist eine der schönsten Renaissancekirchen Norditaliens; seine Wände zieren zahlreiche Wandteppiche aus dem 17. Jahrhundert. Möglichkeiten zum Ausruhen findet man am See im Garten der Villa Olmo, einige Kilometer nördlich von Como, oder in einer der direkt am Wasser gelegenen Trattorien.

Tips für unterwegs

Für Turin und Genua sollte man jeweils mindestens zwei Tage einplanen. Wem die Fußwege zwischen den einzelnen Sehenswürdigkeiten, den Kirchen, Palazzi, Museen und Galerien zu lang werden, der sollte sich ein Taxi leisten, oder – das ist in jedem Fall günstiger – auf die

Idyllischer Winkel in Bergamo.

öffentlichen Verkehrsmittel umsteigen. Aber aufgepaßt: Wer in Italien auf die Einhaltung von Fahrplänen hofft, wird eines Besseren belehrt werden. Die

Alassio an der Riviera ist nicht so überlaufen wie Savona und San Remo.

Riviera ist in der Regel stark befahren, weshalb man vorsichtig sein muß. Mit dem Parken könnte es bei Portofino und den Cinque Terre kompliziert werden: Am besten steigt man hier auf einen der Busse um, die zwischen den Orten verkehren.

Das Genießen nicht vergessen!

SOUVENIRS
Nordwestitalien lockt mit deftigen Spezialitäten: zum Beispiel dem Fontina-Käse aus dem Aostatal. Den perlenden Sekt aus Asti sollte man in der Version »secco«, trocken, wählen: Sonst wird es zu süß. Den besten Gorgonzola findet man in der Lombardei, wo man auch den leckeren Taleggio-Käse kosten sollte. Bei den Rebenerzeugnissen sind der Chiaretto del Garda und der leichte weiße Trebbiano lobend hervorzuheben – und nicht zu vergessen die Weine der Cinque Terre: Sie sind etwas ganz Besonderes! Wer seine Wohnung verschönern möchte, kann in Castelnuovo Don Bosco bei Turin Bambusprodukte aller Art erstehen.

Der Lago di Como eignet sich für jede Art von Wassersport.

EIN VOLK VON AUTONARREN

Turin ist eines der führenden Industriezentren Italiens, und so verwundert es nicht, daß sich hier auch die Autoindustrie mit dem Fiat-Konzern der Familie Agnelli vertreten findet. Aus- und inländische Automobilfans kommen – auch wenn sie sich nicht gleich einen Wagen zulegen – voll auf ihre Kosten, denn ein gut bestücktes Museum, in dem sämtliche Fiat-Modelle zu bewundern sind, läßt keine Wünsche offen. Das Auto und der Autosport sind von jeher nationale Reliquien für die Italiener: Man liebt eben seinen Wagen mit fast zärtlicher Hingabe, und auf sein Aussehen wird ebensoviel Wert gelegt wie auf die eigene Kleidung. Wenn Fiat von Zeit zu Zeit ein neues Modell auf den Markt bringt, dann ist es für diejenigen, die es sich leisten können, ein absolutes Muß, dieses neue »Spielzeug« zu kaufen.

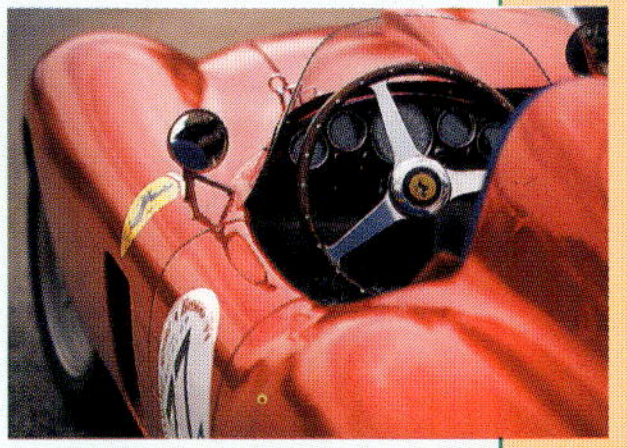

Der für die meisten ein Leben lang unerreichbare Mythos in Sachen Traumauto ist und bleibt jedoch »la rossa«, der rote Wagen von Ferrari. Es mag für den Nicht-Italiener übertrieben klingen, doch wer einen solchen Luxusschlitten sein eigen nennt, der klettert in der sozialen Rangleiter rasch ein gutes Stück nach oben.

Ein einzigartiges Exempel der italienischen Gotik stellt der Dom zu Mailand mit seinen unzähligen Streben, Türmchen und Pfeilern dar.

Von Mailand nach Loreto

ROUTE 3

Von der geschichtsträchtigen Lombardei über die großen alten Städte der Emilia-Romagna und das Urlaubsparadies der Adria in die Marken: Kulinarische Leckerbissen verwöhnen hier ebenso wie kunsthistorische Meisterwerke und ungetrübte Badefreuden.

Kostbarkeiten aus Kultur und Küche

Hier wälzt sich der mächtige und allgegenwärtige Po träge durch sein Bett und durchquert den Stiefelschaft in seiner ganzen Breite, hier finden sich die Badeorte Schulter an Schulter aufgereiht an der Adria – wo in Italien Geschichte stattfand, spielten oft Gewässer eine große Rolle und schafften den nötigen Lebensraum: Schließlich bildete das Wasser die ersten Straßen und brach so dem römischen Eroberungswillen Bahn.

Die antike Via Emilia von Piacenza nach Rimini gehört zu den geradesten Straßen Italiens und führt unter anderem durch das Feinschmeckerparadies von Italien, die Emilia-Romagna: Glaubt man den Gastrohistorikern, so ist die italienische Küche nirgendwo so reich und vielfältig wie in dieser Region, die zudem auch noch Leckerbissen für Kunstliebhaber zu bieten hat. Ausgangspunkt der Route ist die Metropole *Mailand*, Kapitale der Lombardei, der Mode und Verlage. Das Gesicht der Millionenstadt hat sich in den letzten hundert Jahren vollständig verändert: Historische Gebäude wie die legendäre Scala und der Dom wirken heute wie Fremdkörper in einer Szenerie, die alle Entwicklungen des 20. Jahrhunderts getreu widerspiegelt. Südlich von Mailand liegt *Pavia* am Fluß Ticino – ein kleines, aber sehr feines Architekturjuwel: San Pietro in Ciel d'Oro und San Michele etwa sind Meisterwerke der romanischen Kunst. Die schnurgeraden Straßen und Gassen Pavias erinnern an die mathematisch genaue Anordnung der 49 »insulae«, der alten Viertel der römischen Stadt.

Das Gesicht der Universitätsstadt Bologna wird besonders stark durch die zahlreichen Studenten aus dem In- und Ausland geprägt.

Durch die Poebene. *Piacenza*, der alte Handelsplatz am Po, verfügt noch immer über jenes historische Zentrum, dessen Straßenführung dem antiken Placentia entspricht. Die Gebäude Piacenzas wirken streng und wehrhaft; eindrucksvoll ist der Gotico, ein mächtiger Palast aus dem 13. Jahrhundert, vor dem die stolze Reiterstatue Alessandro Farneses steht – seine Sippe regierte bis 1731 die Stadt.
Auf dem Weg nach Cremona liegt in der Poebene *Monticelli d'Ongina*, in dessen Renaissanceburg sich ein wunderbarer Freskenzyklus des Benedetto Bembo findet. Das benachbarte *Cremona* mit dem ovalen Stadtkern sollte Musikliebhabern ein Begriff sein, denn hier wurden Claudio Monteverdi und der Geigenbauer Antonio Stradivari geboren. Zentrum von Cremona ist die Piazza del Comune mit dem Torrazzo-Turm und dem Dom. Man sollte hier ein Opern- oder Fernglas bei sich tragen, um die Kunstwerke in luftiger Höhe erkennen zu können – etwa die Fassade des Doms aus dem 13. Jahrhundert.

Eldorado der Renaissance. Das einst unter den Gonzaga bedeutende *Mantua* war in der Renaissance eine Art zweites Rom: Hier arbeiteten »Stars« wie Raffael und Leonardo da Vinci. Der heute eher klassizistische Charakter der Innenstadt erinnert an die Österreicher, die in Mantua zwischen 1707 und 1866 das Sagen hatten. Obwohl das Stadtzentrum im 19. Jahrhundert stark umgebaut wurde, hat man die wichtigsten Gebäude nicht angetastet. Sehenswert ist im Palazzo Ducale die Camera degli Sposi, der Raum der Verheirateten: Er ist von Mantegna ausgemalt worden und wunderschön.

Die Galleria in Mailand ist sicherlich europaweit eines der schönsten und imposantesten Beispiele für eine Jugendstilpassage.

Die Ghibellinenzinne ist ein für die Lombardei charakteristisches Architekturelement.

Fano (oben) und Cremona, die Stadt der Stradivaris (unten), profitieren davon, daß sie nicht zu den absoluten »Musts« für Touristen gehören: So können sie sich ihre Ursprünglichkeit bewahren.

Von der Zwergrepublik San Marino aus schweift der Blick weit hinein ins Land.

»Herrlich waren die Vormittage im September, wenn der Po dampfte und wir darauf warteten, daß die Sonne allmählich den Nebel durchbräche.«

Cesare Pavese, Die Lederjacke, 1946

In Mantua sollte man mindestens einen Tag bleiben: Einige Spaziergänge sind nötig, will man auch nur einen Bruchteil dieser Kunststadt kennenlernen.

Schlaraffenstädte. In *Sabbioneta* berichtet eine lokale Legende, daß Herzog Vespasiano Gonzaga während seiner Heereszüge immer das Architekturtraktat des altrömischen Baumeisters Vitruv bei sich trug und den Traum hatte, eine perfekte Stadt zu errichten. Mit Sabbioneta erfüllte Gonzaga sich diesen Traum.
In *Parma* mag man zunächst an Nudeln und Parmaschinken denken. Das ist nicht falsch, doch die Kleinstadt hat gastronomisch noch viel mehr zu bieten: Sie produziert eine Vielzahl von Wurst- und Schinkensorten, Torten, Nudelsorten und -füllungen. In den verwinkelten Straßen des Städtchens finden sich Dutzende von Feinkostgeschäften, an denen man nicht einfach vorbeigehen sollte.
Am beeindruckendsten ist in Parma sicherlich der Domplatz: Das Gotteshaus und das Bapisterium sind Meisterwerke der Romanik, die Kuppel des Doms wurde in der Renaissance von Correggio vollständig ausgemalt. Im Baptisterium steht die vielleicht schönste Skulpturengruppe von Benedetto Antelami; Spötter bezeichnen die leicht rosige Farbe des Baptisteriums als »da porco«, zu deutsch etwa »schweinchenrosa«, und spielen damit auf die jahrhundertelange Tradition der Schweineverarbeitung in Parma an.
Neckisch geht es in den ehemaligen Privatgemächern der Äbtissin im Kloster von San Paolo zu: Dem Geschmack ihrer Zeit folgend, ließ sich die hohe Dame 1519

Die Arkaden Bolognas ermöglichen bei schlechtem Wetter einen trockenen Stadtbummel.

von Correggio die Wände mit leicht frivol anmutenden antiken Gottheiten und Putten ausmalen.
Parmas Nachbarin ist das im 2. vorchristlichen Jahrhundert von den Römern gegründete *Reggio nell'Emilia*; die antike Straße führt genau durch die Mitte des sechseckigen Stadtzentrums. Mit Parma

Verschwiegene Buchten lassen sich auch bei Ancona finden.

Das »Abendmahl« zählt zu den kostbarsten Meisterwerken der abendländischen Malerei und entstand auf dem Höhepunkt von Leonardo da Vincis Schaffen in Mailand.

liegt man hier in ständiger Konkurrenz um die authentischen Rezepte für gefüllte Nudeln, wie beispielsweise die Tortellini mit Kürbisfüllung.

Die Diven der Emilia-Romagna. Keine 25 Kilometer liegen zwischen Reggio und Modena, und doch trennen – wenn es um die richtige Herstellung des Balsamessigs geht – die beiden Städte Welten. Tatsache ist, daß der »aceto di balsamo« aus beiden Städten ausgezeichnet ist und nach uralten Rezepten zubereitet wird.

In *Modena*, dem antiken Mutina, wurde das singende Schwergewicht Luciano Pavarotti geboren. Die Stadt ist ein Gewirr aus mittelalterlichen Gassen und Bogengängen und geraden Straßen aus der Renaissance. Der höchste der zahlreichen Türme und Wahrzeichen der Stadt ist der Ghirlandina aus dem 14. Jahrhundert mit 88 Metern Höhe. Modena ist aber auch berühmt für seinen roten und spritzigen Lambrusco-Wein und seine roten Autos, sprich Ferraris, die einige Kilometer südlich, in Maranello, produziert werden.

Nur einen Katzensprung von Modena entfernt liegt unterhalb des emilianischen Apennins und umgeben von riesigen Feldern das, so der Volksmund, »gelehrte

und fette« *Bologna*: gelehrt wegen seiner uralten Universität, fett wegen seiner gastronomischen Vielfalt und Vorliebe für nicht gerade kalorienarme Speisen; aus Bologna kommt nämlich zum Beispiel die Mortadella. Wenn auch der mittelalterliche Stadtkern seit dem 19. Jahrhundert teilweise zerstört worden ist, finden sich in der Stadt, die schon im 13. Jahrhundert eine der größten Europas war, viele historische Gebäude; vor dem Palazzo Comunale sprudelt munter die Fontana del Nettuno, ein herrlicher Brunnen aus dem 16. Jahrhundert.

Ein besonderes Juwel der Stadt ist auch die Pinacoteca Nazionale: Dort hängen einige der schönsten Gemälde italienischer Meister aus Renaissance und Barock.

Schmuckstücke unter den Städten Oberitaliens sind – nicht nur in kulinarischer Hinsicht – Modena (wo der gute Balsamessig produziert wird), Mantua, Sabbioneta (von oben nach unten) wie auch Bologna (rechts). Sie laden ebenso zum Schauen und Bummeln wie auch zum Rasten und Genießen ein.

Ben Hurs Söhne

Schon die alten Römer liebten Rennen: In Rom zeugt der Circus Maximus unterhalb des Palatins heute noch von dieser Leidenschaft. Dieser Circus wurde für Rennen mit Pferdewagen erbaut, und auf den Rängen fanden bis zu 200 000 Zuschauer Platz. Daß es bei diesen Rennen recht ruppig zuging und häufig Fahrer starben, schien das Publikum nicht sonderlich zu stören. Heute sind Autorennen nicht minder beliebt. In Imola existiert eine der bekanntesten Rennstrecken Italiens, und in Monza versammeln sich jedes Jahr am zweiten September-Wochenende die Größen der Formel 1. Die Italiener gehen ganz selbstverständlich davon aus, daß in Monza ein Ferrari den Sieg davonträgt; gewinnt jedoch unglücklicherweise ein ausländischer Wagen, so ist Nationaltrauer angesagt.

Neben den Autorennen bietet Imola auch eine historische Altstadt mit hübschen alten Bogengängen (oben). – Das achteckige Baptisterium von Parma wurde von Benedetto Antelami geschaffen und besticht durch seine kunstvolle Bemalung (links und unten).

Weltkultur und Autorennen. Über die auch weiterhin schnurgerade Via Emilia geht es Richtung Adriaküste, vorbei an *Imola*, einem Städtchen, das wegen seiner Rocca, einer Burg aus dem 13. Jahrhundert, und seiner Autorennen bekannt ist. In *Faenza* hingegen kann man sich mit Tonwaren eindecken: Die hiesigen Fayencen waren schon in der Renaissance in ganz Europa begehrt.

Die beiden Wahrzeichen des wenige Kilometer entfernten *Forlì* sind recht unterschiedlicher Natur: zum einen ein Turm aus dem 13. Jahrhundert, zum anderen die »salame gentile«, eine milde und überaus schmackhafte Salami. Im verwinkelten Stadtzentrum lohnen San Mercuriale aus dem 12. Jahrhundert und die reiche Pinacoteca einen Besuch.

Ein absolutes Muß ist ein Abstecher in das etwa 30 Kilometer nördlich gelegene *Ravenna* (siehe auch S. 42/43): Die Stadt wurde 402 Hauptstadt des Weströmischen Reiches; von dieser Zeit zeugen einige Bauwerke, die zu den prächtigsten ihrer Art in ganz Italien gehören: Das Battistero Neoniano und die Kirche San Vitale

Fortsetzung Seite 78

Im sanften Gold der Abenddämmerung wirken selbst die Betonbettenburgen von Rimini romantisch.

ALEXANDRA

Den Geist herzoglichen Kunstverständnisses der Herren von Montefeltro atmen heute noch der Palazzo Ducale (unten) und das Zentrum von Urbino (rechts).

Verwinkelte Straßen und Gäßchen und die Geschlossenheit des Stadtbildes machen den bezaubernden Charme Urbinos aus (oben). – Auch Bramante (rundes Bild) lebte und wirkte in der Stadt.

Ein Juwel in den Marken

Urbino ist ein Traum: Sein Stadtkern ist über die Jahrhunderte hinweg unversehrt geblieben; keine Neubauten, kein sichtbarer Verfall, keine Bomben während des Zweiten Weltkriegs. Urbino wirkt wie aus einer anderen Zeit – man hat den Eindruck, daß die Zeit im 16. Jahrhundert stehengeblieben ist.

Wenn man vom Meer, von Fano, kommt und durch die sanfte Hügellandschaft fährt, kann man die Stadt mit ihren Mauern, Dächern und Türmen schon von weitem sehen. Das Umland besteht aus Obstplantagen, Wiesen und Weinfeldern – eine Landschaft wie auf den Bildern jenes Mannes, der in Urbino zur Welt kam und einer der berühmtesten Maler der Kunstgeschichte überhaupt werden sollte: In Urbino nämlich wurde 1483 Raffaello Sanzio

geboren, der als Raffael zusammen mit Bramante, dem zweiten Künstlergenie Urbinos, der italienischen Renaissance seinen unvergleichlichen Stempel aufgedrückt hat.

Unter der Herrschaft des kunstsinnigen Herzogs Federico da Montefeltro wurde Urbino zum Zentrum der Kunst und der Wissenschaften und in ganz Italien zu einem Vorbild für einen humanistisch regierten und weltoffenen Ministaat, in dem ein Herrscher das Sagen hatte, der sich nicht nur als politischer und militärischer Stratege auszeichnete, sondern auch als Liebhaber der Künste.

Federico lebte im Palazzo Ducale, einem Renaissancepalast wie aus dem Bilderbuch. Der Bau wurde Mitte des 15. Jahrhunderts errichtet und bietet von einigen der großen Fenster einen phantastischen

Ausblick auf die Landschaft.

Im Palazzo ist die Galleria Nazionale delle Marche untergebracht, eine Kunstsammlung, die sich in die Säle und Räume des Palazzo zauberhaft einfügt. Die Meisterwerke der Gemäldegalerie, darunter Bilder von Paolo Uccello und Piero della Francesca, werden in einem prächtigen und stilechten Rahmen präsentiert. Einer der Höhepunkte der Nationalgalerie der Marken ist das sogenannte »studiolo«: Dabei handelt es sich um das vollständig mit Intarsien ausgeschmückte Arbeitszimmer des Federico da Montefeltro. Einige der Holzarbeiten zeigen optische Täuschungen, die so rea-

litätsnah sind, daß man schon zweimal hinschauen muß, um dem Trick auf die Spur zu kommen. Da die Galerie Hauptanziehungspunkt aller Urbinobesucher ist, gehe man sofort nach der Ankunft in der Stadt zur Kasse und reserviere sich einen Besichtigungstermin. Sonst könnte es sein, daß man einen Tag warten muß.

Urbino hat sich seit Raffaels Zeit kaum verändert (Mitte und oben). – Ein Fresko ziert sein Geburtshaus (links unten).

Urbino ist aber nicht nur ein Freilichtmuseum, sondern auch ein Ort, an dem es sich gut leben läßt. Da die Stadt sich in einer höheren Lage (500 Meter über dem Meeresspiegel) befindet, kann man es hier auch im Sommer, wenn das Leben an der nahen Adria tagsüber wegen der brütenden Hitze stillsteht, sehr gut aushalten. Nach Urbino sollte man in der Frühe des Tages kommen, um den morgendlichen Gemüsemarkt aufzusuchen und sich einfach treiben zu lassen. Auch ein Rundgang über die Strada Panoramica ist empfehlenswert: Sie beginnt bei der Piazza Roma und führt einen Hügel hinauf. Den Blick, den man von hier auf die Unterstadt, den Palast des Herzogs, die Kathedrale, die Dächer und Kuppeln hat, ist unbeschreiblich – vor allem bei Sonnenuntergang.

Urbinos berühmtester Sohn

Raffaello Sanzio wurde vermutlich am 6. April 1483 in Urbino geboren. Schon bald offenbarte sich seine ungewöhnliche künstlerische Begabung als Maler und Baumeister, und so begann er, in Perugia und Florenz zu studieren. Bereits 1508 wurde das große Talent vom Papst nach Rom berufen und wenige Jahre später zum Bauleiter der Peterskirche und Konservator der antiken Denkmäler ernannt. Raffael blieb jedoch trotz seines Erfolgs als Baumeister immer seiner großen Liebe, der Malerei, treu und schuf Werke von größtem Ausdruck und höchstem kunsthistorischem Wert. Er zählt neben Leonardo da Vinci und Michelangelo Buonarroti zu den bedeutendsten Künstlern der Hochrenaissance und huldigte einem Ideal der Anmut und Schönheit, das bis ins 20. Jahrhundert hinein als vorbildlich galt.

zählen dazu und sind über und über mit den herrlichsten byzantinischen Mosaiken geschmückt. Das Mausoleum der Galla Placidia (um 450) und Sant'Apollinare Nuovo (um 500) verschlagen dem Besucher mit ihren auch nach 1500 Jahren noch farbenfrohen Mosaiken den Atem.

Bei Ancona und Pesaro (oben und rechts) überrascht die Adria mit einem eher untypischen Gesicht; daß aber auch diese Gegend viel für Touristen zu bieten hat, beweisen Veranstaltungen wie das »Rossini Opera Festival«.

Adriatische Atmosphäre. *Rimini* wurde zu Zeiten des deutschen Wirtschaftswunders als Urlaubsort bekannt; hier trifft die Via Emilia auf die Via Flaminia aus dem Jahr 220 v. Chr., die nach Rom führt. Das bergige Hinterland der Riviera ist reich an kleinen Orten mit alten Kirchen und lauschigen Plätzen. Wer nach *San Marino* fährt, sollte sich auf touristisches Gedrängel gefaßt machen: Dank der zollfreien Einkaufsmöglichkeit geht es in der Minirepublik immer hoch her. Reizvoller als das überlaufene San Marino ist der Festungsort *San Leo*, 10 Kilometer südwestlich gelegen. In der Festung, die sich über dem kleinen Ort erhebt, starb der berühmte Gauner Cagliostro, der im Europa des 18. Jahrhunderts Reiche und Adlige an der Nase herumführte.

Wenn man wieder ans Meer zurückkehren will, ist ein Stopp in *Montefiore Conca* lohnenswert: Das Dorf, von alten Wehrmauern umgeben, bietet bei gutem Wetter einen Panoramablick in die Hügel und zum Meer hin.

Das jahrhundertelang zum Kirchenstaat gehörige *Pesaro* hat seit dem Beginn des 20. Jahrhunderts sein historisch gewachsenes Gesicht radikal verändert; erhalten blieb allerdings der Stadtkern mit einem schönen Palazzo Ducale und einer besuchenswerten Pinakothek. Im Landesinnern findet sich etwa 35 Kilometer von Pesaro entfernt und über eine an Aussichtspunkten reiche Straße erreichbar

einer der künstlerischen Höhepunkte der Region Marken und deshalb diesen Umweg wert: *Urbino*. Die kleine Stadt auf dem Hügel ist dank der Bemühungen der Herzöge von Montefeltro in der Renaissance zu einem der wichtigsten künstlerischen Zentren Italiens geworden.

Ein Stück südlich von Pesaro liegt *Fano*; bei den Römern hieß der Ort »Tempel der Glücksgöttin«. An diese glorreiche Zeit erinnert ein herrlicher Triumphbogen des Augustus, und auch San Michele aus dem 16. Jahrhundert sowie die Loggien dieser Kirche lohnen einen Besuch.

Hochburg der Marienverehrung. *Ancona* wurde im letzten Weltkrieg schwer bombardiert, und auch ein heftiges Erdbeben in den siebziger Jahren hinterließ seine Spuren. Die Stadt wuchs wie ein Amphitheater den Hang des Monte Conero hinauf; ganz oben auf einer Hügelspitze steht San Ciriaco, eine der landschaft-

lich am schönsten gelegenen mittelalterlichen Kirchen der Marken. Die Aussicht auf das Meer und die Stadt mit dem Trajansbogen und der Mole des Barockbaumeisters Vanvitelli sind ein Genuß.

In *Loreto* wird Italiens wichtigste Marienreliquie verwahrt, eine Hütte aus Stein. Am 7. September 1295 sollen, so will es jedenfalls die fromme Legende, Engel das Haus der Maria, die »Santa Casa«, von Nazareth nach Loreto gebracht und auf einem Hügel abgesetzt haben. Im 15. Jahrhundert beauftragte dann der durch Pilgerspenden reich gewordene Ortsklerus die berühmtesten Architekten der Zeit mit dem Bau des Santuario della Santa Casa, einer riesigen Kirche. Loreto präsentiert sich heute als Wallfahrtsort mit all dem dazugehörenden Kitsch, vor allem aber mit einer Kirche, die Meisterwerke von Giuliano da Sangallo, Luca Signorelli und anderen Meistern der Renaissance und des Barock birgt.

»Wallfahrtsorte«: Die »Santa Casa« lockt die Gläubigen nach Loreto (links), die herrlichen Strände lassen die Sonnenanbeter an die Adria pilgern (oben).

Planen und erleben …

Kapitale der Alta Moda: Mailand.

↓ km	ENTFERNUNGEN	↑
km	**Mailand**	572
	55 km	
55	**Piacenza**	517
	96 km	
151	**Mantua**	421
	63 km	
214	**Parma**	358
	104 km	
318	**Bologna**	254
	118 km	
436	**Rimini**	136
	36 km	
472	**Pesaro**	100
	100 km	
572	**Loreto**	km

Die Highlights

MAILAND

Seit Mitte des 19. Jahrhunderts wurde Mailand kontinuierlich umgebaut: Die historischen Gebäude wie der Dom oder die Kirche Santa Maria delle Grazie wirken daher heute wie Fremdkörper in moderner Umgebung. Unbedingt besichtigen sollte man die Gemäldegalerie der Brera, die Biblioteca Ambrosiana, das Skulpturenmuseum im riesigen Castello Sforzesco und die herrliche Kunstsammlung im privaten Palazzo Bagatti Valsecchi.

CREMONA

Sehenswert ist besonders die Altstadt bei der Piazza Roma. Der Ausblick vom 112 Meter hohen Torrazzo-Turm aus dem späten 14. Jahrhundert läßt die vielen Stufen hinauf vergessen. In Cremona lebte und wirkte die Stradivari-Familie, deren schönste und wertvollste Geigen im Museo Civico ausgestellt sind.

Der Mailänder Dom gehört zu den Hauptattraktionen der Stadt.

MANTUA

Die Altstadt von Mantua hat ihren spätmittelalterlichen Charakter bewahren können. Im Palazzo Ducale sollte man sich die herzöglichen Gemächer nicht entgehen lassen. Einen Rundgang durch das Zentrum beginnt man am besten auf der Piazza Sordello und geht dann zur Piazza Broletto und zur Piazza delle Erbe. Auch ein Besuch im Palazzo del Tè lohnt sich: Die Villa aus dem 16. Jahrhundert ist von Giulio Romano meisterlich ausgemalt worden.

PARMA

Wer diese gemütlich wirkende Stadt nur auf ihren berühmten Schinken reduziert, tut ihr unrecht. Der Dom und eine faszinierende Taufkapelle versprechen mehr: Der achteckige romanische Bau des Baptisteriums ist mit Skulpturen und einem herrlichen Freskenzyklus ausgestattet. Der Palazzo della Pilotta lockt mit der restaurierten Galleria Nazionale und Gemälden von Parmigianino, El Greco sowie Canaletto und dem 1619 ganz aus Holz erbauten Teatro Farnese. Hier wurden in der Renaissance Seeschlachten für den Adel simuliert.

REGGIO NELL'EMILIA

Diese Stadt an der Via Emilia ist Italiens Nudelparadies. Bei einer Fahrt von Reggio aus über das Land in nördlicher Richtung und südlich des Po kann man die verschlafene Ortschaft Brescello entdecken, wo sich das Don-Camillo-und-Peppone-Museum befindet; dort verkostet man den roten Peppone- und den weißen Don-Camillo-Wein.

Ausblick auf die Altstadt von Cremona.

Antikisierende Darstellung im Palazzo Ducale von Mantua.

MODENA

Hier wurde Schwergewichtssänger Luciano Pavarotti geboren; einmal im Jahr veranstaltet »Big Luciano« mit prominenten

Sangeskollegen ein Benefizkonzert. Der Dom San Geminiano ist eine der schönsten romanischen Kirchen Italiens, deren plastische Innenausstattung ein Werk des Lombarden Wiligelmus aus dem 12. Jahrhundert ist. Lohnenswert ist auch der Besuch der Galleria Estense: Hier hängen Werke der besten Barock- und Rokokomaler aus der Emilia-Romagna.

BOLOGNA

Eine quirlige Universitäts- und Kunststadt. Wenn es in Bologna regnet, stehen mehrere Kilometer überdachte Bogengänge

Eine der größten Kirchen der Christenheit: der Dom von Bologna.

zur Verfügung, unter denen man relativ trocken den Palazzo Comunale mit seinen Kunstsammlungen, die beiden schiefen Türme aus dem 12. Jahrhundert, die romanische Basilica di Santo Stefano und die reich ausgestattete Basilica di San Petronio erreichen kann. Das Hauptportal von San Petronio ist ein Meisterwerk des Jacopo della Quercia aus dem 15. Jahrhundert.

Ein Meisterwerk von Benedetto Antelami: Baptisterium in Parma.

RIMINI

Mit Rimini assoziiert man unwillkürlich turbulentes Strand- und Discoleben; die hiesigen Strände gehören zu den meistbesuchten und auch zu den am besten gerüsteten der Adria. Kein Wunder, daß es besonders an den Wochenenden hier hoch hergeht. Rimini ist aber auch eine Stadt der Kunst: sehr schön etwa der Tempio Malatestiano, eine faszinierende Renaissancekirche mit einer an antike Gebäude erinnernden Fassade.

Hoch- und Bettenburg des Adria-Tourismus: der »Teutonengrill« Cattolica.

Rimini hat auch Kultur im Angebot.

LORETO

Hat man sich einmal an den unzähligen Devotionalienhändlern vorbeigekämpft, so betritt man eines der erstaunlichsten Gotteshäuser Italiens. Die reich ausgeschmückte riesige Kirche enthält die als Haus der Gottesmutter Maria verehrte 'Santa Casa. Interessanter als die umstrittene Reliquie sind allerdings die Kunstwerke in der Sakristei, die Bronzeportale und die Gemäldesammlung.

Tips für unterwegs

Wer die Via Emilia entlangfährt, sollte nicht ans Abnehmen denken, sondern möglichst viele Gerichte probieren, um die Köstlichkeiten der Emilia-Romagna – die als das Schlaraffenland Italiens gilt – kennenzulernen: Ganz besonders den Nudelphantasien sind hier keine Grenzen gesetzt. Die Via Emilia ist sehr stark befahren, deshalb sollte man besser die kleinen Straßen nehmen. San Marino kann man getrost meiden: Der Ort bietet keine Kunstschätze und ist ständig von Bustouristen auf der Suche nach zollfreien Waren überfüllt. Die Badeorte bei Rimini sind in der Regel besonders für Familien mit kleinen Kindern und Vergnügungssüchtige geeignet. Hier findet man noch preiswerte Pensionen.

Wallfahrtsort: der Dom in Loreto.

SOUVENIRS

Der fromme Kitsch in Loreto ist teilweise so unsäglich, daß er schon wieder interessant wird. Eine Besonderheit aus Fano bei Pesaro sind die kunstvollen Stickereien. Unbedingt mit nach Hause nehmen sollte man Nudeln und Balsamessig aus der Emilia, und auch die Würste lassen sich gut transportieren. Köstlich ist der zarte Culatelloschinken. Käseliebhaber sollten sich den Besuch bei einem Parmesanhersteller nicht entgehen lassen. Besser als sein Ruf ist der Lambrusco: Er perlt und ist ideal für heiße Tage.

PASTA & CO.

Was wäre Italiens Küche ohne Teigwaren! Und was für Südtirol die Schlutzkrapfen und für Neapel die Pizza, das sind für die Emilia-Romagna Nudeln in allen Variationen. Pasta ist mittlerweile zu einem echten Kulturgut avanciert: Seit Jahrhunderten gehört sie zu den Hauptnahrungsmitteln der Italiener, und Experten zufolge soll es in ganz Italien mehr als tausend verschiedene Nudelformen geben. So ist es kein Wunder, daß so gut wie jeder Ort in der Emilia auf das »einzig« wahre Geheimrezept zurückgreifen kann: Spaghetti und Fusilli, Rigatoni und Tortellini, Farfalle und Cannelloni stellen nur einen Bruchteil der fast unübersehbaren Produktpalette dar, und auch die Farbauswahl der – mit Naturfarbstoffen hergestellten – Teigwaren gleicht oft einem Regenbogen. Pasta kann man sowohl in Zellophan abgepackt als auch lose kaufen – und auch verschenken.

Bei Monticchiello sieht die Toskana so aus, wie man sie sich vorstellt: sanfte Hügel mit zypressengesäumten Serpentinenstraßen.

Durch die Toskana und Umbrien

Route 4

Von den Toskana-Klassikern Pisa, Lucca, Pistoia und Florenz über das kunstsinnige Umbrien ins Weinmekka Montepulciano und zur Küste: Im Zentrum des Stiefels trifft man auf eine unnachahmliche Harmonie von Landschaft und Kultur.

Ins grüne Herz Italiens

Wohl keine andere Region Italiens ist so häufig Gegenstand von verklärten Schwärmereien wie die Toskana mit ihren sanften Hügeln und kerzengeraden Zypressen. Immer noch im Schatten der Toskana steht das malerische Umbrien, das seiner Nachbarin auch in Sachen Kunst und Landschaft ohne weiteres das Wasser reichen kann – hier gibt es noch viele Entdeckungen zu machen.

Der faszinierende Campo dei Miracoli ist das wohl einschlägigste Postkartenmotiv *Pisas*. Auch wenn der berühmte, 55 Meter hohe romanische Turm, mit dessen Bau 1173 begonnen wurde, nun – trotz jahrzehntelanger Warnrufe der Experten – doch nicht umzufallen droht, verursacht er mit seiner die Naturgesetze scheinbar widerlegenden Schräglage bei seinen Betrachtern noch immer ein einigermaßen mulmiges Gefühl. Dasselbe gilt auch – allerdings aus einem ganz anderen Grund – für die Fresken im Bogengang des benachbarten Camposanto, des Friedhofs: Zu sehen ist unter anderem der »Triumph des Todes«, die grausige Darstellung eines von Seuchen und Korruption geplagten Volkes im 14. Jahrhundert, die auch bei bestem Wetter aufs Gemüt schlagen kann.

Ein Hauch Jahrhundertwende haftet noch heute der Bäderkultur Mittelitaliens an: Trinkwasserbecken in Montecatini.

Entspannender wird es auf dem Weg von Pisa nach Lucca: eine schöne Straße, die über San Giuliano Terme durch die grüne Hügellandschaft des Monte Pisano führt und direkt vor den mit alten Bäumen bestandenen Mauern Luccas endet. *Lucca* ist für den eingefleischten Musikliebhaber untrennbar mit Giacomo Puccini und seinen Opern über zumeist unglückliche Frauen verbunden – Opern, die seit Generationen zu Tränen rühren. Die Stadt ist aber auch ein Juwel der Architektur. Der historische Stadtkern ist noch heute umgeben von den alten Wallanlagen, die im 19. Jahrhundert in einen begrünten Spazierweg verwandelt wurden. Den Wagen sollte man außerhalb des Mauerrings parken, ein Fahrrad mieten und rund um die Stadt fahren. Der Blick ist herrlich: Zu sehen sind zahllose romanische Türme und Kirchen. Unbedingt besucht werden sollten auch einige der Meisterwerke romanischer Baukunst wie der Dom San Martino und die Kirchen San Michele in Foro und San Frediano.

Höhepunkte der Toskana. Die Straße nach Pistoia folgt immer dem Apennin, der die nördliche Toskana von der Emilia-Romagna trennt. An den Hängen der Berge zwischen beiden Städten errichtete sich die Aristokratie vergangener Jahrhunderte zahlreiche Sommervillen, die, wie die Villa Mansi oder die Villa Torrigiani, ebenfalls besichtigt werden können. *Pistoia* wirkt im Vergleich zu Lucca abweisender, und Paläste und Kirchen haben einen strengeren Charakter. Der Dom ist sicherlich das interessanteste Bauwerk der Stadt. Wie das Baptisterium ist er, typisch für Pistoia, aus weißem und grünem Marmor errichtet worden.
Keine 10 Kilometer Richtung Florenz liegt Prato, eine weitere Stadt der Kunst wie aus dem Bilderbuch. Zu besichtigen sind ein wunderbarer Dom aus dem 13. Jahrhundert, das Dommuseum mit einem Relief von Donatello, auf dem ein Puttentanz zu sehen ist, und zahllose Kirchen, wie zum Beipiel das Renaissancejuwel

Der »lebenswerteste« Ort Europas: Mit diesem Forschungsergebnis einiger US-Soziologen wurde Todi aus seinem Dornröschenschlaf wachgeküßt.

In der Toskana keltert man Spitzenrotweine.

Die Geschlechtertürme von San Gimignano (oben), die Kuppeln und Türme von Florenz (rechts Mitte) und der Palio von Siena (unten) haben den legendären Ruf der Toskana begründet und sie zum vielgeliebten Traumziel der Italienkenner gemacht.

»Die Wohnungen in den Bädern von Lucca nämlich sind entweder unten in einem Dorfe, das von hohen Bergen umschlossen ist, oder sie liegen auf einem dieser Berge selbst, unfern der Hauptquelle, wo eine pittoreske Häuserzeile in das reizende Tal hinabschaut… Ich habe nie ein reizenderes Tal gesehen.«

Heinrich Heine, Die Bäder von Lucca, 1828

Santa Maria delle Carceri. Wie freizügig es in der Renaissance unter den Künstlern von Prato zuging, beweist die Geschichte um den Maler Filippo Lippi und seine Geliebte Lucrezia Buti: Er war Mönch, sie Nonne – welch ein Skandal wäre das heutzutage!

Prato ist seit dem Mittelalter im übrigen auch wegen seiner Textilmanufakturen berühmt. Und Fans der modernen Kunst pilgern hierher, weil das Museum für Zeitgenössische Kunst, das Museo d'Arte Contemporanea Luigi Pecci, als eines der besten ganz Italiens gilt.

in denen man gastronomische Spezialitäten wie die »bistecca alla fiorentina«, ein deftiges Rindersteak, genüßlich verspeisen kann. Und eine Kaffeepause auf der Piazza della Signoria macht nach den ersten Besichtigungskilometern wieder neue Lust auf Museen und Kirchen.

Kleine Orte, große Kunst. Auf der Fahrt gen Süden, nach Arezzo, empfiehlt es sich, auf die Autobahn zu verzichten und einen Umweg via Poppi einzuschlagen. *Poppi* liegt auf einem grünen Hügel mit fantastischer Aussicht; dominiert wird

Von Prato nach Florenz ist es nicht weit, denn beide Städte wachsen durch ihre Vororte allmählich immer mehr zusammen. Wie soll man *Florenz*, die an Kunst reichste Stadt der Welt (das behauptet jedenfalls die UNESCO), mit wenigen Worten beschreiben? Zunächst einmal ist sie die Hauptstadt der Renaissance – in der Stadt am Arno hinterließen alle großen Künstler der Zeit ihre Meisterwerke: Wer nach stundenlangem Warten in einer Schlange vor den Uffizien endlich die einzelnen Säle dieses Museums durchschreitet, beginnt zu ahnen, welch überwältigender Kunstreichtum in den Mauern dieser Stadt schlummert.

Um sich Florenz langsam zu nähern, sollte man nach *Fiesole* hinauffahren, eine Ortschaft, die von 300 Meter Höhe auf das verschlungene Gewirr aus Häusern und Kirchen hinunterschaut. Die gewaltige Domkuppel des Brunelleschi wirkt von hier aus wie ein riesiger Heißluftballon. Es ist ratsam, Florenz mit Spaziergängen zu erkunden – langsam und mit Pausen,

Was ein guter Brunello oder Vino Nobile werden will, braucht viel Geduld und Fürsorge.

der Ort von einer Burg, deren Säle mit Fresken kunstvoll ausgeschmückt sind. *Arezzo* befindet sich am Fuß der Alpe di Poti und präsentiert sich als eine Stadt von durch und durch mittelalterlichem Charakter. Die Kirche San Francesco aus dem 14. Jahrhundert besitzt einen der schönsten Freskenzyklen des Piero della Francesca, die »Legende des Kreuzes«. In der romanischen Kirche Pieve di Santa

Lucca ist ein fast noch unberührtes Juwel unter den Städten der Toskana.

Maria Assunta, deren Apsis die schräg abfallende, schöne Piazza Grande dominiert, befindet sich am Altar ein wunderbares Bild von Pietro Lorenzetti. Die Fassade dieser Kirche ist ein Kuriosum: Sie besteht aus fünf Arkaden mit zahlreichen unterschiedlichen Säulen.

Castiglion Fiorentino liegt im Val di Chiana und ist vor allem deshalb erwähnenswert, weil sich hier die Straße in Serpentinen einen Hügel hinaufschlängelt, der von einer Kirche und einigen Zypressen bekrönt wird – ein typisches Toskanabild, wie es auf Hunderten von Kalenderblättern verewigt wurde. Ein weiteres idyllisches Fleckchen Erde ist *Cortona* am Hang des Monte Sant'Egidio – man muß schon kräftig steigen, will man diesen seit der etruskischen Zeit bewohnten Ort besichtigen. Bequem zu erreichen, weil unterhalb der Ortschaft gelegen, ist im Gegensatz dazu die Kirche Madonna del Calcinaio. Das elegante Gebäude aus dem späten 15. Jahrhundert gilt als Prototyp eines Renaissancekirchenbaus.

Unterhalb des Monte Ginezzo geht es zum *Lago Trasimeno*, der sich bereits in Umbrien befindet; vom östlichen Ufer, von Passignano sul Trasimeno aus, kann man mit einem kleinen Ruderboot auf die Isola Maggiore übersetzen, eine Insel mit einem romantischen Fischerdorf.

Die Krone Umbriens. Das bereits in der Etruskerzeit bedeutende *Perugia* liegt auf einem steilen Hügel, so daß man am besten den Wagen unterhalb der Rocca Paolina parkt. Weise Stadtväter haben lobenswerterweise Rolltreppen einrichten lassen, die die Besucher vom Parkplatz aus zu einem spannenden Fußweg bringen, welcher durch die mittelalterliche Burganlage direkt ins Stadtzentrum mit seinen historischen Gebäuden führt.

Die Bettenburgen der Adria haben die toskanische Küste – wie hier bei Marina di Cecina – zum Glück noch nicht erobert (oben). – Im Hinterland reift der künftige Rotwein am Rebstock heran (links).

Zwar wurde Todi und Umgebung (rechts Mitte) ein Maximum an Lebensqualität bescheinigt, doch Orte wie Arezzo (oben) mit ihrer Beschaulichkeit stehen dem in nichts nach. – Eine Spezialität: der Schinken (Mitte).

Der tägliche Gang in die Bar oder ins Café gehört ebenso zwingend zum Tagesablauf des Italieners wie ein Plausch unter Freunden (oben). – Der baumbewachsene Quinigi-Turm in Lucca (rechts).

Perugia ist eine sehr lebendige Stadt. Die internationale Universität lockt viele junge Leute an, die sich abends am Corso Vannucci treffen, der Hauptstraße. Perugia ist eines der wichtigsten Kunstzentren Mittelitaliens und bietet etruskische Mauern und Portale, einen frisch restaurierten riesigen Brunnen von Niccolò und Giovanni Pisano aus dem 13. Jahrhundert, eine gotische Kathedrale und den Palazzo dei Priori, das heutige Rathaus; die Galleria Nazionale dell'Umbria ist außerdem eine der bestbestückten Gemäldesammlungen Umbriens. Am Corso Vannucci hat Perugino das Collegio del Cambio, eine Wechselstube, mit wunderbaren Fresken ausgemalt. Kommt man am frühen Abend nach Perugia, so sollte man sich den Sonnenuntergang von der Terrasse der Gärten hinter dem Palazzo del Governo nicht entgehen lassen: Die Aussicht ins umbrische Land ist atemberaubend.
Eine ähnliche Hochburg der Kunst ist *Assisi*, das sich ebenfalls auf einem Hügel

Wo das Leben lebenswert ist. Von Assisi aus bietet sich eine Fahrt durch den Regionalen Naturschutzpark des *Monte Subiaso* Richtung Spello an; die Straße führt in eine Höhe von 1200 Metern und bietet wirklich phantastische Aussichtspunkte. *Spello* ist ein Dorf, das sich steil an einen Hügel schmiegt; hier sollte man erhebt; es wird von dem trutzigen Franziskanerkloster dominiert, das noch der heilige Franz errichten ließ. Das Städtchen wurde vor einigen Jahren von einem schweren Erdbeben mit katastrophalen Folgen heimgesucht – ein Spaziergang durch Assisi, das sich durch seinen mittelalterlichen Charakter auszeichnet, läßt die Schäden sichtbar werden: Der Freskenzyklus des Giotto in der Oberkirche von San Francesco etwa wird noch lange nicht zu besichtigen sein. Verborgen bleiben allerdings die Spuren der Zerstörung, wenn man nach einem strammen Anstieg die am Berg oberhalb von Assisi gelegene Rocca Maggiore erreicht hat. Der Blick von der Festung geht über die rötlichbraunen Dächer der Geburtsstadt des italienischen Nationalheiligen in die Ebene, aus der sich unübersehbar die Kirche Santa Maria degli Angeli wie ein Miniberg erhebt. Das barocke Gotteshaus enthält die sogenannte Porziuncola-Kapelle, die auf Franz zurückgeht.

Blick auf Assisi (oben). – Die Kirche Santa Maria della Consolazione bei Todi (darunter).

SCHNAUFERL-RALLYE

Jeden Sommer sind Tausende von Fans dabei, wenn Italiens schönste Oldtimerparade vorbeizieht. Die Veranstaltung trägt den Namen »Mille Miglia«, zu deutsch: tausend Meilen. Dabei handelt es sich heute nicht mehr um ein echtes Autorennen, sondern um die Fahrt von Hunderten alter Autos durch Italien. Rom ist ein Höhepunkt der Tour, und weder Presse noch Bürgermeister lassen sich die Ankunft der schnaufenden Vehikel entgehen.
Die »Mille Miglia« ist eine faschistische Erfindung: Mussolinis Regime – der Duce war selbst ein begeisterter Fahrer – wollte mit dem Autorennen von Nord- nach Mittelitalien und wieder zurück aller Welt beweisen, wie modern Italien unter seiner Herrschaft geworden war. Das erste Langstreckenrennen – zu fahren sind auch heute noch zwischen 1500 und 1800 Kilometer – fand 1927 statt, und Start und Ziel war das norditalienische Brescia. Aus der rein italienischen Rennfahrt des Faschismus wurde in den Nachkriegsjahren ein internationales Ereignis, das nach Unterbrechungen in unseren Tagen wiederbelebt wurde.

Olivenernte bei Volpaia: Auch Olivenöl zählt zu den besonderen Spezialitäten und Exportschlagern Italiens.

Spello (oben) und Perugia (darunter) haben große Teile der alten Bausubstanz über die Zeiten retten können.

Die Kathedrale von Orvieto beherrscht die Stadt auf dem mächtigen Tuffelsen.

unbedingt die 1501 von Pinturicchio ausgemalte Cappella Baglioni in der Kirche Santa Maria Maggiore besuchen – ein Kleinod der Renaissancemalerei.

Bei *Foligno* befindet sich eines der schönsten Täler ganz Umbriens. Hier druckte der Deutsche Johannes Neumeister 1472 das erste Buch in italienischer Sprache, die »Göttliche Komödie« von Dante. Leider wurde auch diese Stadt von den Erdbeben der letzten Jahre beschädigt, und so manche Kirche ist nach wie vor wegen Einsturzgefahr geschlossen.

Richtung Spoleto liegt linker Hand das mauerbewehrte *Trevi* am Hang, und rechts der Tempio di Clitunno, ein unbedingt sehenswertes, weil vollständig erhaltenes Tempelchen aus dem 4. Jahrhundert. Auf der großen Piazza del Duomo von *Spoleto* wird jedes Jahr zwischen dem 15. Juni und 15. Juli mit einem festlichen Konzert Italiens schönstes Sommerfestival, das »Festival dei due Mondi«, eröffnet; wenn nicht gerade Künstler und Gäste aus aller Welt Gassen und Plätze beleben, geht es hier aber sehr ruhig zu. Spoleto ist wegen seines gesamten historischen Zentrums interessant; und über dem Ort erhebt sich eine große und kürzlich restaurierte Festung. Hinter der Anlage aus dem Mittelalter, in der schöne Fresken aus der Spätgotik zu besichtigen sind, spannt sich eine 76 Meter hohe und 230 Meter lange Brücke aus dem 14. Jahrhundert über ein steil abfallendes Tal.

Todi ist ein besonderes Schmuckstück: US-amerikanische Soziologen haben vor einigen Jahren auf der Suche nach dem lebenswertesten Ort der Welt diese kleine Stadt in 400 Meter Meereshöhe als den Ort ausgemacht, an dem man am angenehmsten seine Tage verbringen kann. Todi verfügt über einen hübschen mittelalterlichen Ortskern, wirkt ein wenig verschlafen, wird jedoch zunehmend vom internationalen Jet-set frequentiert, der in der letzten Zeit in der Umgebung Klöster und Bauernhäuser aufgekauft hat.

Eine Panoramastraße erster Güte verbindet das Städtchen mit Orvieto: Kleine Ortschaften wechseln sich mit Wäldern und Blicken auf den langgezogenen *Lago di Corbara* ab – eine malerische Gegend, die

den Reisenden zum Ausspannen von den anstrengenden Besichtigungstouren in den Städten animiert.

Kleinode im Hinterland. *Orvieto* erhebt sich seit seiner Gründung durch die Etrusker auf einem riesigen Tuffelsen, so daß schon von weitem die mächtige Silhouette des gotischen Doms zu erkennen ist. Dieser bietet nicht nur eine eigenwillig und farbenfroh gestaltete Fassade aus dem 14. bis 16. Jahrhundert, sondern ein weiteres Kleinod: Luca Signorelli malte Ende des 15. Jahrhunderts die Cappella

Fortsetzung Seite 96

Montepulciano hat nicht nur Spitzenweine zu bieten, sondern auch ein mittelalterliches Stadtbild (oben). – Wie viele umbrische Städte thront Spoleto auf einer Anhöhe (Mitte). – Der Brunnen San Patrizio (links) in Orvieto ist ein echter »Hingucker«.

Viele Sternstunden der Kunst haben in Florenz stattgefunden; einige Beispiele: der Dom Santa Maria del Fiore, die Piazza della Signoria und Botticellis »Geburt der Venus« (von oben nach unten).

Eine Stadt als Gesamtkunstwerk

Florenz hat etwas mehr als sechs Millionen Besucher im Jahr und muß an manchen Sommertagen bis zu 6500 Reisebusse ertragen – und das bei nur 600 000 Einwohnern. Zwischen Frühling und Herbst ist hier mit chronischen Verkehrsstaus, langen Schlangen vor Museen und Kirchen und den Protesten mancher Einwohner zu rechnen, die einen »Einfuhrstopp« für Reisende fordern, damit ihre Stadt nicht ganz zum Touristen-Trampelpfad verkommt.

Die Hauptstadt der Toskana ist ein Konglomerat aus Widersprüchen. Wer die unangenehmen Seiten dieser Widersprüche nicht unbedingt am eigenen Leibe miterleben möchte, sollte daher Florenz im frühen Frühjahr besuchen, bevor die ersten Heerscharen an den Arno kommen – oder aber im milden Spätherbst. Liest man Stadtbeschreibungen des Spätmittelalters und vergleicht das Gelesene von einem erhöhten Aussichtspunkt aus mit dem Jetzt-Zustand, so scheint diese Stadt eine der wenigen Kommunen Italiens zu sein, in der die Gebäude in der Vergangenheit höher waren als heute. »Es gab Hunderte von Türmen«, steht in einer alten Handschrift, und man fühlt sich dabei unwillkürlich an das »mittelalterliche Manhattan« San Gimignano mit seinen prägnanten Geschlechtertürmen erinnert. Doch die Florentiner Türme überlebten nicht, sondern wichen in der Renaissance prächtigen Palästen – in jener Epoche, die in Florenz ihre Hauptstadt fand und der Stadt ihren Stempel so nachhaltig aufdrückte, daß sogar der dominante Stil des Barock nicht mehr viel dagegen ausrichten konnte.

Wer sich von einem Reiseführer – sei es ein Mensch oder ein Buch – leiten läßt, wird von Dutzenden großer Namen förmlich erschlagen: Dante und Giotto, die Familie der Medici, Leonardo da Vinci, Michelangelo, Raffael und wie sie alle heißen. Für Florenz benötigt man Monate, um zumindest einen Bruchteil der immensen

Herrliche Reliefs von Ghiberti zeigt die »Paradiestür« des Baptisteriums (oben), und der Palazzo del Bargello stellt Meisterwerke der Renaissance aus (darunter). Wer der Museen müde geworden ist, kann sich am Ufer des Arno ausruhen (links Mitte).

Kunstschätze nicht nur einmal gesehen, sondern vor allem auch verstanden und gewürdigt zu haben.
Wenn der Besucher keine Lust mehr auf große Kunst hat oder generell dem Tourismusrummel entfliehen will, empfiehlt sich die »Passeggiata ai colli«, der Spaziergang zu den Hügeln: Dieser etwa zweistündige Fußweg nimmt seinen Anfang am linken Arnoufer. Er führt zunächst hinauf zum Aussichtspunkt Piazzale Michelangelo, der am frühen Morgen und am Spätnachmittag einen ganz besonders schönen Blick auf die Stadt bietet. Ganz in der Nähe liegt das romanische Architekturkleinod San Miniato al Monte, eine Kirche mit grünweiß-gestreifter Fassade.
Den Tag in Florenz sollte man auf den Terrassen der Fortezza del Belvedere, der Befestigungsanlagen beim Palazzo Strozzi, ausklingen lassen: Auf der Wiese kann man das Farbenspiel genießen, das das abnehmende Sonnenlicht auf die rötlichen Dächer zaubert; unten liegt die Stadt, und auf der Anhöhe locken Hänge mit Zypressen und vornehmen Villen zu weiteren, ausgedehnten Spaziergängen.

Die Villen der Medici

Reizvoll ist auch ein Ausflug in die Umgebung, zu den Villen der Medici. Diese Fürstenfamilie kultivierte – dem Geschmack der Zeit entsprechend – das exklusive Landleben und ließ sich herrliche Landhäuser bauen: Die Villa di Castello etwa, 5 Kilometer nördlich von Florenz, ist reich ausgestattet und verfügt über eine große Gartenanlage. Westlich von Florenz erhebt sich auf einem Hügel die Villa di Poggio a Caiano: Lorenzo der Prächtige erwarb die Villa im Jahre 1480. Sie birgt kostbare Holzdecken, Fresken von Jacopo da Pontormo und Gemälde mit Früchten, die eine Obstvielfalt zeigen, welche heute nicht mehr existiert.

Das Städtchen Siena beherrscht das Umland mit seiner exponierten Lage und den dominanten Stadttürmen.

Das zauberhafte Pitigliano liegt auf einem Tuffelsen.

Nicht von ungefähr gelten die Toskana und Umbrien als Urlaubsregionen par excellence: Einsame Hügel und blaugrüne Seen präsentieren ein wahres Naturparadies, während alte Städte, Klöster und Burgen ein Kulturerlebnis ersten Ranges versprechen. Hier kommen Erholungsuchende ebenso auf ihre Kosten wie Bildungstouristen.

Nuova aus, ein Meisterwerk der Renaissance, das nach Jahren der Restaurierung jetzt wieder in seiner ganzen Farben- und Figurenpracht zu besichtigen ist. Interessant ist in Orvieto aber auch der Pozzo di San Patrizio, ein Brunnen, den Papst Klemens VII. bei Antonio da Sangallo d. J. in Auftrag gab. Das Eigentümliche dieses tief hinabreichenden, beeindruckenden Brunnens mit einem Durchmesser von 13 Metern und einer Tiefe von 62 Metern sind zwei Wendeltreppen: eine zum Hinunter- und eine zum Hinaufgehen.

10 Kilometer südlich von Orvieto liegt auf einem weiteren Tuffelsen *Civita Bagnoregio*, ein sehr malerisches und ganz kleines Dorf, das nur über eine Brücke erreichbar ist und traumhafte Blicke ins Tibertal bietet. An den Ufern des nahe gelegenen *Bolsenasees* läßt es sich herrlich ausruhen vor dem folgenden Besichtigungsstopp: *Pitigliano*. Diese kleine Ortschaft mit ihrem uralten Stadtkern liegt ganz versteckt zwischen Hügeln und Olivenfeldern auf einer Anhöhe. Zum Bau der Häuser, die sich relativ eng anein-

Der schlanke, majestätische Dom von Siena entstand im 12. bis 14. Jahrhundert und ist gestreift wie ein Zebra (oben). Damenkränzchen all'italiana: Die »mamma« ist nicht gern allein, und so findet man sich zum Stricken zusammen, um die wichtigen Themen des Tages – das Wetter, die Nachbarn oder das neueste Kochrezept – zu erörtern (Mitte).

anderschmiegen, wurden dunkle Steine verwendet, was dieser Ortschaft eine ganz besondere Atmosphäre verleiht.

Eine schöne kleine Straße führt über San Martino sul Fiora nach Capanne und weiter nach *Saturnia*, das sich auf einem großen Travertinblock erhebt und seit den Zeiten der Antike besiedelt ist. Die Umgebung strahlt eine himmlische Ruhe aus – vielleicht dachten darum die Etrusker, daß hier der Gott Saturn zu Hause sei. Ganz in der Nähe von Saturnia sprudelt bei den *Terme di Saturno* heißes und heilkräftiges Wasser aus den Tiefen der Erde: Wo schon die alten Römer kurten, laden heute moderne Anlagen zu einem entspannenden Warmwasserbad.

Wein, Musik und schnelle Pferde. Von Saturnia aus geht es jetzt in das Weinherz der Toskana, nach *Montalcino* und *Montepulciano*: Namen, bei denen Kenner und Liebhaber des Rebensaftes in Aufregung geraten.

Beide Ortschaften leben vom Weinbau, und der »Brunello di Montalcino« sowie der »Vino Nobile di Montepulciano« gehören zu den besten Rebenprodukten der Welt. Montepulciano hat aber nicht nur edle Tropfen zu bieten, sondern auch ein von dem deutschen Komponisten Hans Werner Henze ins Leben gerufenes Musik- und Theaterfestival, »Il Cantiere di Montepulciano«. Besuchenswert ist auch die »cantina«, der Weinkeller der Winzergemeinschaft Redi: Er erinnert mit seinen hohen Sälen an eine gotische Kirche, und einige der Fässer gehören zu den größten und ältesten ganz Italiens.

Montalcino und Montepulciano sind reizvoll auf Hügeln gelegen, und ihre Um-

Die Terme di Saturno sind auch für die Einheimischen eine Attraktion.

gebung ist traumhaft schön: Zypressen und Weinfelder wechseln sich in unspektakulärer Harmonie miteinander ab, und Weingüter laden zur Verkostung ein.
Nördlich von Montalcino und Montepulciano liegt *Siena*, die architektonisch vielleicht homogenste Stadt der Toskana. Das Stadtbild von Siena ist durch das 14. Jahrhundert so nachdrücklich geprägt worden, daß auch die folgenden Jahrhunderte nicht viel Schaden anrichten konnten. Das Zentrum von Siena bildet der Campo, ein fächerförmiger Platz, umgeben von stolzen Patrizierhäusern; hier findet jährlich ein eigenartiges Pferdewettrennen statt, der Palio: Jedes Quartier von Siena stellt hierfür einen Reiter und ein Pferd, die man ins Rennen schickt. Der eigentliche Wettkampf ist kurz, denn die Pferde müssen nur ein einziges Mal um den Campo laufen. Egal, wer gewinnt – der Sieger wird mit einem ausgelassenen Volksfest in der ganzen Stadt gefeiert.
Vom 102 Meter hohen Turm (dem Torre del Mangia) des Palazzo Pubblico aus, der eine ganze Seite des Platzes einnimmt, wandert der Blick über die rötlichen Dächer der Stadt in eine nahezu intakte Natur. Siena ist eine Stadt der Kunst, und ein Tag wird nicht ausreichen, um auch nur das Wichtigste zu sehen.

Malerische Ausblicke: die Rocca Nuova in Volterra, die Crete bei Siena und die Dächer von San Gimignano (von oben nach unten). – Etruskerkunst im Museum von Volterra (rechts).

Von stolzen und von schiefen Türmen. Die schönste Art, sich *San Gimignano* zu nähern, ist die Landstraße: Schon von fern sieht man die mittelalterliche Skyline mit den Geschlechtertürmen. Früher baute sich jede reiche Familie als Zeichen ihres Stolzes und ihres Wohlstands einen solchen Turm. Von den ehemals 72 Türmen aus dem 14. Jahrhundert sind zwar nur noch wenige übriggeblieben, doch diese verbleibenden 15 Türme sind ungemein beeindruckend.
Auch *Volterra* hat viele Geschichten zu erzählen. Auf dem Hügel, auf dem sich die Stadt erhebt, lebten schon die Etrusker und verarbeiteten Alabaster; die schönsten Alabasterurnen dieses rätselhaften Volkes kann man im Museo Etrusco Guar-

Ein prächtiges Spektakel: Der Palio von Siena lockt Tausende von Touristen an (oben). Im Weinort Montalcino kann man die Weine der Region probieren (Mitte).

nacci bewundern. Doch unglücklicherweise unterliegt der Hügel von Volterra einer ganz allmählich vor sich gehenden Erosion, die jedes Jahr wieder ein bißchen Erdreich abträgt; und so fällt die eine Seite der Stadt steil ab: Immer mehr Häuser sind heute vom Absturz in die gähnende Tiefe bedroht.

Über die Küste gelangt man zu dem am Meer gelegene *Livorno*. Von der alten Hafenstadt der Familie Medici, die der französische Reisende Charles de Brosses 1739 als »eine hübsche kleine Tabakdose« bezeichnete, ist leider nicht mehr allzuviel zu sehen: Livorno ist heute in erster Linie als Fährhafen und Ausgangspunkt für die Schiffspassage nach Elba von Bedeutung.

Nach *Pisa* zurückgekehrt, sollte man den Tag auf der Wiese unterhalb des Schiefen Turms ausklingen lassen: Wenn die Sonne sich verabschiedet und über den Horizont sinkt, die Reisebusse die lärmend-hektischen Tagestouristen wieder mitnehmen und die ebenso unvermeidlichen wie zahlreichen Souvenirbuden schließen, verwandelt sich der Campo mit seiner traumhaften Architektur in einen der schönsten Orte zum Träumen und Schwelgen.

Der Schiefe Turm von Pisa – ein vielbestauntes Phänomen (links oben). Bei Livorno trotzt die alte Festung dem Meer (oben).

Planen und erleben …

Idyll bei Pienza: Italienisch leben heißt auf Hektik verzichten und Zeit haben.

Entfernungen

↓ km		620 ↑
	Pisa	620
	80 km	
80	**Florenz**	540
	177 km	
257	**Perugia**	363
	55 km	
312	**Spoleto**	308
	75 km	
382	**Orvieto**	233
	118 km	
500	**Siena**	115
	115 km	
620	**Pisa**	km

Höhepunkt der Saison ist jedes Jahr der Palio in Siena.

Die Highlights

PISA

An die Größe der einstmaligen Seerepublik Pisa erinnert nur noch die Piazza del Duomo: Zwar wollten die Pisaner immer schon hoch hinaus, doch beim Bau des Schiefen Turms verrechneten sie sich beim Gewicht des Bauwerks – es ist zu schwer und sinkt auf einer Seite in den Erdboden ab. So interessant wie der Turm ist der weiße romanische Dom; auch dem Baptisterium sollte man einen Besuch abstatten. Erst vor kurzem wurden zahlreiche römische Schiffe

Detailreiche Außenkanzel an der Kathedrale von Prato.

in der Nähe ausgegraben – ein Blick auf diese erstaunlich gut erhaltenen Transportmittel der Antike ist einen Abstecher wert.

LUCCA

Die Stadt hat den Charme des 19. Jahrhunderts noch nicht verloren – jener Zeit, als hier Giacomo Puccini lebte und seine Opern komponierte. Der Dom, San Michele in Foro und San Frediano gehören zu den schönsten Bauwerken der italienischen Romanik. Wenn man die Via Fillungo – die quer durch das Zentrum führt – entlangpromeniert, läuft man quasi die Baugeschichte Luccas ab, denn alle Epochen hinterließen hier ihre Palazzi.

Der Neptunsbrunnen auf der Piazza della Signoria in Florenz.

FLORENZ

Die Stadt am Arno läßt sich nicht in ein, zwei Tagen erschöpfend besichtigen: Entweder man sieht sie sich also gründlich an, oder aber man begnügt sich mit den Highlights – den Uffizien, dem Dom, dem Baptisterium und dem Ponte Vecchio mit seinen zahllosen Schmuckgeschäften. Ebenso wie die Kunstwerke locken aber auch die vielen eleganten Geschäfte, lederverarbeitenden Betriebe und schönen Cafés. Man muß sich treiben lassen und sollte auf keinen Fall vor der großen Zahl an Museen und Kirchen kapitulieren.

PERUGIA

Perugia war schon im 1. Jahrtausend v. Chr. eine Metropole der Etrusker; auf den Resten

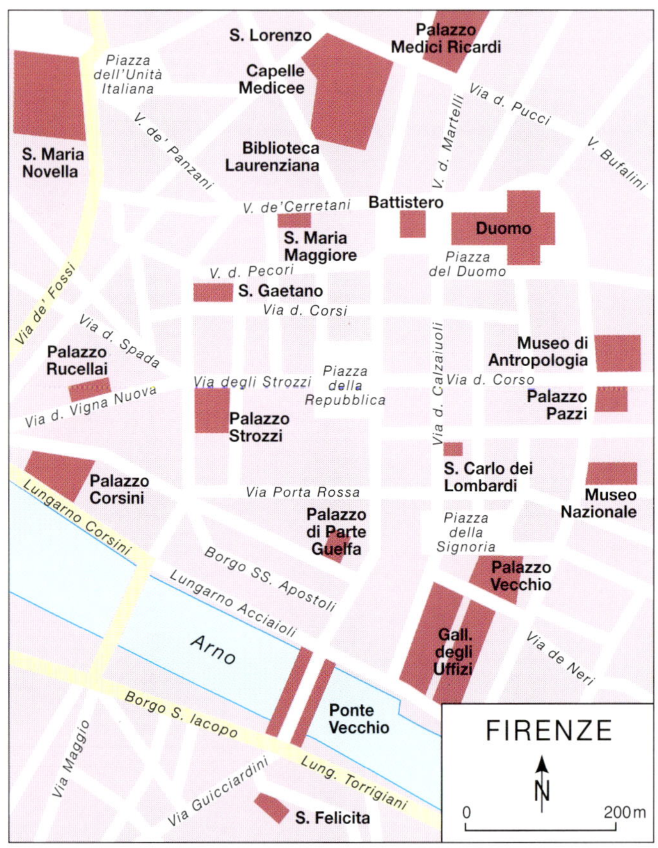

ihrer Bauten errichteten die Römer Paläste und Tempel. Im Mittelalter und in der Renaissance erhielt die Stadt ihr heutiges Aussehen; ein Gang von den Giardini Carducci zur Piazza 4 Novembre, wo die Kathedrale steht, führt vorbei an prächtigen Gebäuden. Der Brunnen aus dem 13. Jahrhundert vor der Kathedrale gilt als einer der schönsten des italienischen Spätmittelalters und ist das Werk der beiden Bildhauer Giovanni und Niccolò Pisano.

Imposantes Gotteshaus: San Biagio bei Montepulciano.

Die typisch umbrische Malerei des 13. bis 15. Jahrhunderts mit ihren beeindruckenden Kreuzigungs-Darstellungen kann in der Galleria Nazionale bewundert werden.

ASSISI

Hier konzentriert sich alles auf den heiligen Franz. Nach dem schweren Erdbeben vor einigen Jahren sind einige der interessantesten Gotteshäuser jedoch noch nicht wieder zugänglich: Die Restaurierungsarbeiten ziehen sich hin, denn die in Tausende von Splittern zerfallenen Fresken lassen sich nur unter großen Mühen wieder zusammensetzen. Frisch restauriert präsentiert sich allerdings die Kirche Santa Maria degli Angeli unterhalb von Assisi, in der die Porziuncola steht, eine Kapelle, die dem heiligen Franz als Betkapelle gedient hat.

ORVIETO

Nicht nur der Weißwein aus Orvieto weiß zu bezaubern. Das gesamte Stadtbild ist besonders beeindruckend, denn es hat sich seit dem 18. Jahrhundert nicht wesentlich verändert. Die ehemalige Etruskerstadt erhebt sich auf einem mächtigen Felsen und ist durch die gewaltige spätgotische Fassade des Doms schon von weitem zu erkennen. Die Cappella della Madonna di San Brizio wurde im späten 15. Jahrhundert von Luca Signorelli mit Fresken ausgemalt, die nach jahrelangen Restaurierungsarbeiten heute wieder besichtigt werden können.

MONTALCINO – MONTEPULCIANO

Weinkenner wissen um die Qualität der örtlichen Rebenerzeugnisse: Der »Brunello di Montalcino« und der »Vino Nobile di Montepulciano« sind die besten Rotweine Mittelitaliens. Unterhalb von Montepulciano erhebt sich eine eigenartige Kirche: Die Madonna di San Biagio aus dem 16. Jahrhundert hat den Grundriß eines griechischen Kreuzes und gilt als eines der schönsten Werke der italienischen Renaissancearchitektur.

Macht müde Männer munter: Badeparadies in den Thermen von Saturnia.

Essen und Trinken hält Leib und Seele zusammen – vor allem nach so viel Kultur.

Tips für unterwegs

Die Toskana und Umbrien gehören zu den landschaftlich schönsten Regionen Italiens. Man sollte ruhig auch die kleinen Straßen befahren und in scheinbar unbedeutende Ortschaften »hineinschnuppern«: Hier findet man fast immer sehenswerte Kirchen und Kapellen, kleine Plätze und einladende Trattorien. In der Toskana sollte man sich zu Weinproben verführen lassen.

Kostbares Winzergut: Trauben.

SOUVENIRS

Neben Wein nehme man auch kaltgepreßtes Olivenöl mit nach Hause: Es gehört zu den besten Ölen Italiens. Auch die getrockneten Steinpilze sind hervorragend. In Umbrien sollte man den trockenen Weißwein aus Orvieto probieren. Südlich von Perugia lohnt ein Umweg nach Deruta: Die örtlichen Keramiken sind seit dem Mittelalter ein Begriff für bestes italienisches Kunsthandwerk. Das gleiche gilt für die glasierten und emaillierten Keramiken aus Faenza.

Eine verschwiegene Entdeckung bei Assisi: ein turmbewehrter Palazzo im Wald.

DIE WEINKLASSIKER

Der »Brunello di Montalcino« ist der international am meisten geschätzte Rotwein Italiens. Er wird aus einer Unterart der Sangiovese-Trauben, der Brunello-Traube, gewonnen und heute von einigen größeren Winzern und etwa hundert Kleinbetrieben angebaut; das Anbaugebiet hat sich in den letzten Jahrzehnten verdoppelt. Mindestens zwei Jahre reift der Brunello im Eichenfaß und darf erst nach vier Jahren verkauft werden. Er ist ein üppiger Wein mit wuchtigem Bukett und hohem Säuregehalt.

Der »Vino Nobile di Montepulciano« entsteht in der Nähe aus der Sangiovese-Traube Prugnolo Gentile sowie Canaiolo- und Mammolo-Trauben; er wächst auf sandigeren Böden in einem kühleren Anbaugebiet und erreicht daher nicht die Fülle des Brunello, ist aber dennoch ein guter Prädikatswein. Weniger ausgezeichnete Lagen bringen den »Rosso di Montepulciano« oder den »Chianti Colli Senesi« hervor.

Ort der Begegnung: Es gibt wenige touristische Orte in Rom, an denen sich auch die Römer selbst so gern aufhalten wie an der Spanischen Treppe.

Rundfahrt durch Latium

ROUTE 5

Von der Ewigen Stadt Rom über die sanften Albaner Berge und die herben Abruzzen ins Hinterland Latiums und an die Küste des Tyrrhenischen Meers: Das Kernland der römischen Zivilisation hat neben historischen Monumenten auch jede Menge Natur zu bieten.

Alle Wege führen nach Rom

Wer der hektischen Millionenmetropole Rom entfliehen will, muß nicht weit fahren: Bereits vor den Toren der Kapitale beginnt eine Landschaft, die südliche Gelassenheit an den Tag legt. Hier gehen die Uhren langsamer, denn man paßt sich dem Klima an – und dank dieser Bedächtigkeit lassen sich die zahlreichen Hinterlassenschaften aus Antike und Mittelalter noch genußvoller erleben.

Moderne »Legionäre« halten am Kolosseum die Touristen bei Laune und posieren auch gern einmal für ein Hochzeits- oder Gruppenbild.

Alle Wege führen nach *Rom* und damit in die Dauerstaus der Ewigen Stadt. Man sollte seinen Wagen deshalb an einer der Endhaltestellen der beiden römischen U-Bahn-Linien parken oder aber ein Hotel im »centro storico« mit Parkplatz buchen. In der Stadt selber empfiehlt es sich, sich zu Fuß oder mit Taxis und Bussen fortzubewegen, wenn man sich nicht ständig über den Verkehr ärgern will; um einen freien Parkplatz im Zentrum von Rom zu finden, braucht man mindestens soviel Glück wie für einen Lotteriegewinn. Wer seinen Wagen untergebracht hat, den erwartet Italiens sicherlich faszinierendste Stadt: Das vielgesichtige Rom hat an Kunst und Kultur so viel zu bieten, daß man kaum zum Luftholen kommt. Wem dieser gigantische Mix aus Ruinen und Kirchen, Palästen und Kunstsammlungen, Plätzen und turbulentem Leben zuviel wird, der sollte über die antike Via Tiburtina nach Tivoli hinausfahren.

Zunächst führt die Straße durch scheinbar endlose Vorstädte, denn seit der italienischen Staatseinigung in den siebziger Jahren des 19. Jahrhunderts entwickelten sich um das »centro storico« herum die neuen Stadtviertel. Daß dort heute rund 90 Prozent aller Römer leben, macht der extrem rege Autoverkehr deutlich. Doch hat man endlich die Stadt verlassen, dann öffnet sich die Landschaft, und das Fahren wird wieder angenehmer.

Residenzen der Sommerfrische. Dies ist die Campagna romana – in früheren Zeiten eine äußerst malerische Ebene, in der verstreut Bauernhäuser und römische Ruinen lagen. Später hat man neben diesen Zeichen einer vergangenen Epoche zumeist billige, auf jeden Fall aber häßliche Neubauten errichtet.

Schön wird es erst wieder in *Tivoli*. Die kleine Ortschaft liegt auf einem grünen Hügel und hat im Sommer genau das zu bieten, was die Römer schon immer liebten: frische und klare Luft. Zahllose Villen aus der Antike – wie die atemberaubende, mitten in der üppigen Natur gelegene Villa Adriana des Kaisers Hadrian – und aus der Renaissance, zum Beispiel die zauberhafte Villa d'Este aus dem 16. Jahrhundert in Tivoli, bezeugen das. Wenn an heißen Sommertagen Roms Stadtluft unerträglich wird, sollte man einen Spaziergang durch die von Kardinal Ippolito II. von Este errichtete Parkanlage unternehmen: Aus Dutzenden von Brunnen sprudelt das Wasser, daß es eine wahre Freude ist.

Besonders gern verbrachten die Päpste und ihre Kardinäle den Sommer in den südlich von Tivoli gelegenen *Castelli Romani*, wie die Albaner Berge ebenfalls genannt werden. Diese Berge, fast alles ehemalige Vulkane, laden mit ihren Kastanienwäldern und Wiesen, mit lauschigen Aussichtspunkten und Restaurants zu einem Ausflug ein, für den man von Rom aus einen ganzen Tag einplanen sollte. Im 16. und 17. Jahrhundert wurden hier unzählige Luxusvillen mit weiten Parks gebaut: Schließlich mußten dort, wo der

Der Campo de' Fiori in Rom wird jeden Morgen zum Schauplatz regen Markttreibens und nachmittags von Café- und Restaurantbesuchern bevölkert.

Das Symbol für die römische Zivilisation ist die Wölfin, die Romulus und Remus gesäugt haben soll.

Papst im Sommer residierte, auch seine Kardinäle weilen. So finden sich in den Castelli zahlreiche herrliche Bauten des Barock. Im Zweiten Weltkrieg wurden einige dieser Villen leider schwer beschädigt oder sogar zerstört; doch die majestätische Villa Aldobrandini im Weinort *Frascati*, der nahezu vollständig dem Erdboden gleichgemacht wurde, blieb wie durch ein Wunder verschont. In dieser Villa ließ es sich übrigens schon Goethe auf einer seiner italienischen Reisen gutgehen.

Die Fontana del Moro blickt von Süden her über die Piazza Navona, unter der sich die Reste des antiken Stadions von Kaiser Domitian befinden.

Der Schildkrötenbrunnen im Judenviertel gehört zu den heimlichen Lieblingen der Römer.

Antike und moderne Pretiosen.

Sanfte Seen und stille Strände. Lohnenswert ist eine Rundfahrt um den *Lago Albano*, der von dem oben auf dem Kraterrand gelegenen Ort *Castel Gandolfo* beherrscht wird. In diesem Dorf hat der Papst hinter hohen Mauern seine Sommerresidenz; der Freizeitsportler Johannes Paul II. ließ sich dort, als er noch fit war, im Park seiner Villa einen Pool anlegen. Auch schöne Aussichtsterrassen laden in Castel Gandolfo zu einer Rast ein. Von dem nahen Örtchen *Nemi* oberhalb des *Nemisees* bietet sich bei gutem Wetter ein herrlicher Blick auf beide Seen und das in der Ferne liegende Meer.

Von Castel Gandolfo aus ist es nicht weit nach *Anzio*, dem antiken Antium, wo Nero das Ende des Brandes von Rom abwartete. Heute ist das an der Spitze eines Vorgebirges gelegene Anzio ein beliebtes und im Sommer recht überfülltes Badestädtchen mit Jachthafen. Die Soldatenfriedhöfe, die in den nahen Hügeln liegen, erinnern daran, daß am 22. Januar 1944 an der Küste bei Anzio Engländer und Amerikaner landeten, um Rom endlich von den Faschisten zu befreien.

Entlang der Küstenstraße nach Sabaudia bieten sich zahlreiche Möglichkeiten für einen Sprung ins Meer und einige stille Stunden in den Dünen. In den fünfziger und sechziger Jahren war dieser Küstenabschnitt bei der römischen Schickeria ganz besonders in; Schriftsteller wie Alberto Moravia und Pier Paolo Pasolini verbrachten den »Ferragosto«, die heißen Augustwochen, in dieser Gegend.

Daß der italienische Faschismus – ganz anders als der deutsche Nationalsozialismus – in der Architektur nicht den neoklassizistischen, sondern einen modernen Stil bevorzugte, der sich am deutschen Bauhaus orientierte, beweist die Stadt *Sabaudia*. Ihre rationalistische Bauweise wird noch heute von Architekten aus aller Welt aufgrund ihrer geglückten Harmonie zwischen Gebäuden und Grünflächen als vorbildlich und beispielhaft für humanen Städtebau gewürdigt.

Auf dem Cäsar-Forum erheben sich die majestätischen Säulen des Venus-Genitrix-Tempels.

»Ein rötlicher Glanz lag auf den alten Brücken, der sie wieder wie neu aussehen ließ. Das Pantheon, gefurcht wie ein altes Gesicht, war mit seinen bröckeligen Mauern von Sonnenlicht überflutet.«

Charles Dickens, Bilder aus Italien, 1846

Die Villa Adriana vor den Toren Tivolis ist ein gewaltiges Zeugnis der Cäsaren-Baukunst.

Dem Zauber Latiums erliegen. Von Sabaudia aus geht es auf den knapp 500 Meter hohen *Monte Circeo*, wo der antiken Sage nach die Zauberin Circe wohnte, die Odysseus zu verführen suchte. Richtung Süden liegt im Golf von Gaeta die Ortschaft *Terracina* – wieder ein Ort, an dem in der Antike reiche Römer die Sommerfrische verbrachten. Oberhalb des Ortes erreicht man zu Fuß in einer Viertelstunde den gigantischen Tempel des Jupiter Anxur. Zu sehen sind heute allerdings nur noch die Basis und ein Bogengang dieses Tempels, doch auch diese Reste sind gewaltig und beeindruckend. Der Ausblick reicht von hier aus über die gesamte Küste hin zu den Pontinischen Sümpfen und zur Ebene von Fondi mit ihren Seen. Ebenfalls am Meer liegt *Sperlonga* mit seinen alten Gassen, den weißgetünchten Häusern und hübschen Geschäften; Kaiser Tiberius, Adoptivsohn und Nachfolger des Augustus, baute sich in der Nähe direkt am Meer eine Luxusvilla, deren

Das nicht gerade saubere Meer bei Ostia schreckt diese Sonnenanbeter nicht.

Wer es vorzieht, die Hauptrouten des Tourismus zu meiden, lasse sich von Sperlonga mit seinen kleinen Gassen und lauschigen Plätzen verzaubern (unten und rechts).

Der Hafen von Anzio gehört heute nicht mehr nur den Fischern, sondern auch jenen Reichen, deren Jachten dort vor Anker liegen (oben). Hier widerstand Odysseus der Zauberin Circe (rechts).

gewaltige Reste noch heute Eindruck machen. Das nahe *Gaeta* ist auf der südlichsten Landspitze angesiedelt, die in den Golf von Gaeta reicht, und wird malerisch vom Monte Orlando überragt. Den Golf entlang führte schon in der römischen Antike eine Straße mit überwältigenden Aussichtspunkten nach *Formia*, wo Ciceros »Ferienvilla« stand.
Die teils karstigen Monti Aurunci muß man passieren, um nach *Cassino* zu gelangen, das durch seine im Jahr 529 vom Heiligen Benedikt von Nursia auf den Ruinen einer antiken Akropolis errichtete Abtei *Montecassino* jedem Schulkind ein Begriff ist. 1944 wurde die über eine Serpentinenstraße erreichbare Klosteranlage durch alliierte Bomben zerstört; man baute jedoch später diesen mächtigen Komplex originalgetreu wieder auf. Während er von außen eher schlicht wirkt, ist das Innere prächtig ausgeschmückt.
Vom Kloster aus sieht man Richtung Norden das Gebirgsmassiv der Abruzzen, das man über das antike *Atina* erreicht. Das von dichten Wäldern umgebene *Pescasseroli* befindet sich bereits im *Nationalpark der Abruzzen*; dank ihrer geographischen Isolierung und ihres rauhen Klimas ist

Zu den Perlen des Tyrrhenischen Meers gehören Gaeta (oben) und Terracina (links unten). Hier verbinden sich südliches Ambiente und römische Geschichte zu einer unnachahmlichen Mischung.

diese urwüchsige Landschaft noch relativ unberührt von Blechlawinen und sonntäglichen Picknick-Touristen. Pescasseroli selbst liegt in einem Tal, umgeben von Hochebenen und steilen Schluchten, Seen und Weidegebieten.

Quer durch die Abruzzen. Vom mittelalterlichen *Pescina* blickt man auf die Piana del Fucino – hier befand sich einmal Italiens drittgrößter See, doch Kaiser Claudius ließ ihn trockenlegen und Getreidefelder ansäen, um so die hungrigen Mäuler der armen Bevölkerung in Rom stopfen zu können. Via Raiano erreicht man bei *Pratola Peligna* Corfinio. In der Antike lebte hier der Stamm der Italiker, und hier wurde auch die erste Münze geprägt, auf der das Wort »Italia« geschrieben stand. Die Ruinen der uralten Siedlung ebenso wie die romanische Kirche San Pelino mit ihrer wunderschönen Apsis liegen ein Stück weiter nördlich und lohnen einen Umweg allemal.
Von *Popoli* aus, wo es die Taverna Ducale, einen sehr eleganten gotischen Palast, zu besuchen gilt, passiert man ein Tal und eine weite Hochebene Richtung L'Aquila. In dem kleinen, verschlafenen Ort *Navelli*, von welchem aus man einen herrlichen Ausblick auf die Bergwelt des 2912 Meter hohen Gran Sasso d'Italia (dem »großen Felsen«) hat, wird, so wissen Gourmets, der Welt bester Safran gepflückt und getrocknet, und in der örtlichen Kooperative kann diese sonst teure Spezerei preiswert erworben werden. In der Nähe liegt *Bominaco* auf fast 1000 Meter Meereshöhe; in diesem verlassen wirkenden Ort steht die Kirche Santa Maria Assunta, die eines der schönsten Beispiele romanischer Architektur in den Abruzzen ist.

Fortsetzung Seite 114

Architektonische Vielfalt: Aristokratische Villen am Strand von Anzio (oben) und die moderne Kathedrale von Sabaudia (unten).

Ein Zwergstaat mit Riesenmacht

Der Petersdom gehört zu den heiligsten und am meisten verehrten Stätten der Christenheit: In dem frühchristlichen Friedhof unter dem Hauptschiff glaubt man, das Grab Petri gefunden zu haben …

Die Vatikanstadt bildet den kleinsten Staat der Welt, zählt nur etwa tausend Einwohner und herrscht dennoch (in der Person des Papstes) über rund eine Milliarde Menschen. Der »Stato della Città del Vaticano« liegt zwar auf römischem Stadtgebiet, hat aber alles, was ein echter

Staat haben muß: eine eigene Post, eigene Briefmarken, ein Gesundheitssystem, eine Sternwarte, Soldaten, einen Bahnhof und eine Bank. Sogar einen kleinen Kerker gibt es, der heute aber leer steht.

Wenn man den Petersplatz oder den Petersdom betritt, befindet man sich bereits im Vatikan; wer jedoch noch tiefer in den Kirchenstaat vordringen will, hat folgende Möglichkeiten: Man kann links von der Front des Doms zu dem wachhabenden Schweizergardisten gehen und nach dem Deutschen Friedhof fragen, dem Campo Santo Teutonico – der kleine, romantische und zypressenbestandene Friedhof ist seit dem 16. Jahrhundert letzter Ruheort deutschsprachiger Romreisender.

Eine andere Möglichkeit, ins Reich des Papstes zu gelangen, ist das Büro für Ausgrabungen, das Ufficio Scavi. Ebenfalls linker Hand von der Peterskirche fragt man nach diesem Büro und erhält dort einen Führungstermin für die Ausgrabungen unter der Petersbasilika. Der Gang durch die altrömische Gräberstadt – eines der Gräber soll das von Petrus sein – ist faszinierend. Die Vatikanischen Gärten wiederum können mit einem Kleinbus besucht werden. Das Tourismusbüro des Vatikans organisiert auch Führungen durch die Gärten: ein ganz besonders schönes Erlebnis.

… und im 15. Jahrhundert wurde mit dem Bau des Domes begonnen, der heute zu den beeindruckendsten Kirchen der Welt gehört.

Die Vatikanpost hat der staatlichen Post schon längst den Rang abgelaufen: Sie ist zuverlässiger und schneller.

Auch beim Besuch der Vatikanischen Museen, für deren Besichtigung man sich ausreichend Zeit nehmen sollte, betritt man vatikanisches Territorium. Allerdings ist es in der Hochsaison in den Sälen stets so voll, daß der Besuch der Museen nicht immer ein Vergnügen ist. Wer Parfum und andere Toilettenartikel besonders preiswert und noch dazu auf dem »ehrwürdigen« Terrain des Vatikans erwerben will, nehme ein ärztliches Rezept für ein Medikament mit nach Rom (es muß ja nicht unbedingt ein lebenswichtiges Herzmittel sein). Dieses Rezept zeigt man dem Schweizergardisten an der Porta Santa Anna vor, dem offiziellen Einlaß in den Zwergstaat rechts vom Petersplatz. Im Büro für Passierscheine füllt man dann einen solchen Schein aus, und schon ist man mitten im Vatikan. Vorbei am Büro der Vatikanpost, wo man auch Karten abschicken kann – sie kommen garantiert schneller an als mit der italienischen Staatspost –, erreicht man dann die Apotheke.

Michelangelos berühmte Pietà steht hinter Glas (oben). – Monumentaler Bau: die Engelsburg (links unten).

Die Schweizergarde

Die Leibwache des Heiligen Vaters ist die sogenannte Schweizergarde, deren Mitglieder bestimmten Anforderungen entsprechen müssen, um im Vatikan Dienst tun zu könen: So werden nur katholische Männer mit Schweizer Staatsbürgerschaft aufgenommen, die zwischen 19 und 25 Jahren alt, ledig, bartlos und mindestens 1,74 Meter groß sind; ihre Dienstzeit liegt ferner bei wenigstens zwei und höchstens 20 Jahren. Die Garde muß immer aus exakt 100 Mann bestehen: 4 Offizieren, 1 Kaplan, 25 Unteroffizieren und 70 Hellebardieren. Die Uniformen der Schweizergardisten in den Farben der Medici-Päpste wurden nicht, wie oft behauptet, von Michelangelo entworfen, sind aber dennoch ein Augenschmaus und ungemein kleidsam.

Die Ausgrabungen von Ostia Antica können sich durchaus mit Pompeji messen – nur geht es hier viel ruhiger zu.

Ein Ort zum Staunen: Der verwunschene Park des Vicino Orsini in Bomarzo lädt zum Schauen und Entdecken ein.

Spektakuläre Meisterwerke. *L'Aquila* wurde im 13. Jahrhundert von Stauferkaiser Friedrich II. gegründet und ist von romanischen Kirchen und Palästen der Renaissance geprägt. Die Basilica di San Bernardino ist das prächtigste Gotteshaus der Stadt und ein Meisterwerk der Renaissancebaukunst. Eine ungewöhnliche, gemusterte Fassade bietet die Basilika Santa Maria di Collemaggio aus dem 13. Jahrhundert.

Nach den Kunstgenüssen, die L'Aquila zu bieten hat, ist es wieder Zeit für ein wenig Naturvergnügen: Einige Kilometer hinter *Terni* – einer Industriestadt mit einem hübschen Zentrum, die schon in Umbrien liegt – hält die *Cascata delle Marmore* ein selbst für Italien faszinierendes Naturspektakel bereit: Die Römer, denen anscheinend nichts unmöglich war, konstruierten diesen auf dem gesamten Stiefel höchsten Wasserfall, um auf diese Weise eine größere Wasserkraft zu erzeugen und das Wasser besser nutzen zu können.

Bomarzo liegt bereits wieder in Latium. Zwischen 1522 und 1580 ließ der eigenwillige Herzog Vicino Orsini sich in der

Auf kleinen Straßen gelangt man zu Orten wie Popoli, die der Massentourismus bisher vergessen hat (Mitte oben).

Nähe seines Schlosses den Parco dei Mostri oder Sacro Bosco anlegen, einen manieristischen Zaubergarten mit Phantasiegestalten, bizarren Skulpturen, schiefen Häusern und riesigen Steinmäulern. Der Umstand, daß diese seltsamen Bauten von Bäumen und Büschen umstellt sind, macht aus diesem Garten einen ungemein reizvollen und romantischen Ort.

In den Weinbergen von *Montefiascone* wird einer der besten Weißweine Mittelitaliens, der »Est!Est!!Est!!!«, angebaut. Sein ungewöhnlicher Name geht auf den deutschen Prälaten Johannes Fugger aus Augsburg zurück, der in der romanischen Kirche des Städtchens, San Flaviano, begraben ist. Er war ein versierter Weinkenner und schickte auf seiner Reise nach Rom einen Diener voraus; dieser hatte die Aufgabe, an all jene Herbergstüren das Wort »Est!« (von »vinum est bonum«, der Wein ist gut) zu schreiben, wo es gute Tropfen zu verkosten gab. In Montefiascone schrieb der Diener gleich dreimal dieses Wort an eine Tür – und ein Weinmythos war geboren.

Metropolen der Etrusker. Unterhalb von Montefiascone liegt der *Lago di Bolsena*, ein relativ großer See vulkanischen Ursprungs. Bolsena ist ein beliebtes Ausflugsziel der Römer und sollte daher an Wochenenden gemieden werden. Zu empfehlen ist aber eine Fahrt um den See.

Viterbo liegt südlich des Sees auf einem mächtigen Felsen und war schon bei den Etruskern eine veritable Metropole; von

diesem rätselhaften Volk, dessen Schrift noch nicht vollständig entziffert werden konnte, zeugen Hunderte von heute leeren Gräbern, die in den Felsen, auf dem die Stadt steht, gehauen wurden. Winzer lagern hier gern ihre besten Flaschen, denn die Temperatur in den Gräbern ist das ganze Jahr über relativ konstant. Viterbo ist von einem nahezu intakten Mauerring umgeben; besonders schön sind die Gassen des Viertels San Pellegrino, das seinen noch volkstümlichen und

Überraschung am Wegesrand in den Abruzzen: die romanische Kirche San Pelino.

spätmittelalterlichen Charakter bewahren konnte. Im 13. Jahrhundert residierten im gotischen Palazzo dei Papi die Päpste. Richtung Sopriano, einige Kilometer östlich von Viterbo, baute der Architekt Giacomo Vignola ab 1562 die aufgrund ihres Renaissanceparks und der großen Brunnenanlage sehenswerte *Villa Lante*.
Inmitten einer felsigen und rauh wirkenden Landschaft liegt auf einem Hochplateau *Tarquinia*, wieder eine Stadt der Etrusker, des geheimnisvollen Volkes, das noch vor den Römern – seine Blütezeit dauerte vom 7. bis zum 4. vorchristlichen Jahrhundert – das Kernland Italiens beherrschte. Von den Etruskern weiß man heute immer noch wenig, sind doch kaum Schriftzeugnisse direkt von ihnen oder durch die Vermittlung römischer Autoren überliefert; das Medium, wodurch dieses Volk zur Nachwelt spricht, sind vielmehr seine Kunst und seine Totenstädte. Vier Kilometer südöstlich von Tarquinia beispielsweise bestatteten die Einwohner der etruskischen Stadt ihre Toten in einer

Die Abtei von Montecassino, wie sie sich heute präsentiert (Mitte oben). – L'Aquila liegt am Nationalpark Gran Sasso d'Italia (oben).

Erbe der Etrusker: geflügeltes Pferd im Nationalmuseum von Tarquinia, die Nekropole von Cerveteri mit Hügelgräbern (von oben nach unten).

Die Arkaden von L'Aquila atmen die ländliche Beschaulichkeit der Provinz.

bemerkenswerten Nekropole: Hier finden sich etwa 600 Gräber aus dem 6. bis 1. Jahrhundert v. Chr. Sie stehen dicht beieinander, sind mit Gras bewachsen und durch Straßen miteinander verbunden.

Zwischen Gräbern und Antiken. Die ehemalige Via Aurelia führt über die Hafenstadt *Civitavecchia*, wo eine von Michelangelo vollendete Festung über den Hafen wacht, nach *Cerveteri*. Auch diese einstige Etruskerstadt kann mit einer beeindruckenden Totenstadt aufwarten: Dank einer üppigen, wilden Vegetation wirken hier die teilweise reich verzierten »tombe« – Gräber – sehr romantisch.

Die Gräber der Etrusker

Die Etrusker waren überzeugt davon, daß sie nach ihrem Tod in einer Art Paradies weiterlebten; die Grabkammern in den etruskischen Nekropolen von Tarquinia und Cerveteri vermitteln einen Eindruck von dieser Jenseitsvorstellung. Diese Kammern befinden sich in großen Hügelgräbern oder aber unter der Erde und sind wie Zimmer gestaltet, mit Wandschmuck und Liegen aus Stein. Auf diesen Liegen lagen in der Antike Steinskulpturen, die die Verstorbenen darstellten. Wer sich die heiteren Gesichter dieser Skulpturen ansehen will, sollte dem Museum in Cerveteri oder der römischen Villa Giulia einen Besuch abstatten.
Als Raumschmuck dienten aufwendige Stuckarbeiten an Wänden und Decken sowie beeindruckende Fresken. In der Tomba dei Rilievi in Cerveteri etwa sind alltägliche Szenen nachempfunden, in Tarquinia in der sogenannten Tomba dei Tori, dem Grab der Stiere, erotische Szenen zu bewundern.

Bevor es wieder nach Rom zurückgeht, lohnen ein Abstecher und ein erfrischendes Bad im *Lago di Bracciano*, einem See, der den Krater eines riesigen erloschenen Vulkans ausfüllt; er ist eines der beliebtesten Ausflugsziele der Römer (an den Wochenenden sollte man daher den See meiden), und auch viele Deutschrömer haben hier ihre Ferienhäuschen. *Anguillara Sabazia* mit seinem mittelalterlichen Stadtkern ist die vielleicht schönste Stelle am See, während man von den Zinnen der Festung Orsini-Odescalchi in *Bracciano* einen wunderbaren Blick auf den Vulkansee und die Hügel hat.

Auf dem Rückweg nach *Rom* kommt man unweigerlich auf den Grande Raccordo Anulare, einen Autobahnring von 8 Kilometer Radius, der rund um die Hauptstadt führt; von hier zweigt die Autobahn Richtung *Lido di Ostia* ab. Das Meer ist bei Ostia jedoch nicht gerade paradiesisch, denn die dort mündenden Fluten des Tiber geben dem ohnehin schon stark belasteten Wasser seit Jahren mit ihren Abwässern aus der Millionenmetropole ökologisch den Rest.

Daher ist der Besuch von *Ostia Antica* ungleich interessanter als ein Strandausflug: Ganz anders als in Rom, wo die antiken Ruinen in späteren Jahrhunderten überbaut oder gar in Neubauten integriert wurden, kann man in der ehemaligen Hafenstadt noch einen Hauch vom Leben der alten Römer spüren. Teilweise sind die Gebäude noch ausgezeichnet erhalten und vermitteln ein lebendiges Bild vom Alltag einer kleinen Stadt im Römischen Reich 2000 Jahre vor unserer Zeit.

Badefreuden am Lago di Vico (Mitte oben) und am Strand von Santa Marinella (oben). Hier verbrachte bereits der römische Staatsmann Cicero seinen Urlaub: Formia am Golf von Gaeta (Mitte unten).

Das Forum Romanum, die Keimzelle Roms, sonnt sich in den letzten Strahlen des Tages (oben). – Die Kaffeepause ist ein italienisches Nationalheiligtum (unten).

Planen und erleben …

Alte Mär: Im Kolosseum, das Titus vollendete, wurden niemals Christen getötet.

↓ km	Entfernungen	↑ 764
	Rom	764
	100 km	
100	**Anzio**	664
	107 km	
207	**Gaeta**	557
	110 km	
317	**Abruzzen/Pescasseroli**	447
	158 km	
475	**L'Aquila**	298
	93 km	
568	**Terni**	176
	61km	
629	**Viterbo**	135
	135 km	
764	**Ostia Antica**	km

Die Highlights

ROM

Wohl nirgendwo sonst feiert das Barock so herrliche Triumphe wie in der Ewigen Stadt: Sie ist ein offenes Buch der (Kunst-)Geschichte, und ein einziger Tag in Rom läßt erahnen, daß ein ganzes Leben nicht ausreicht, um alles zu sehen. Wenn man die Kuppel des Petersdoms hinaufsteigt, bietet sich ein phantastischer Blick. Auch die Altstadt erwandert man sich am besten von einer Piazza zur nächsten und läßt das bunte Leben auf sich wirken. Die Vatikanischen Museen sollte man gleich am Morgen aufsuchen, da die Warteschlangen sonst sehr lang sind.

FRASCATI – CASTELLI ROMANI

Die Hügel und Berge südöstlich von Rom werden Castelli Romani, »römische Schlösser«, genannt, denn hier errichteten sich im Barock Päpste und Kardinäle ihre prächtigen Sommerresidenzen. Noch heute ist die Landschaft waldreich und ländlich, und bis auf Frascati, wo Touristen in Hundertschaften

Der Vierströmebrunnen von Bernini auf der Piazza Navona in Rom.

den berühmten Wein verkosten, sind die Ortschaften ruhig und still. Schön ist der Blick von Castel Gandolfo auf den Albaner

Die Villa Aldobrandini im Weinort Frascati vor den Toren Roms.

See, an dessen Ufer Pizzerien und Trattorien locken.

MONTECASSINO

Auch wenn diese riesige, auf einer Bergspitze gelegene Benediktinerabtei 1944 durch alliierte Bomben zerstört wurde, bietet das wiederaufgebaute Kloster viel Kunst: Das Innere der Anlage ist prächtig mit Marmor, Mosaiken, Fresken und Stuck ausgestattet. Zum Glück wurde das herrliche Klostergestühl aus dem 17. Jahrhundert noch rechtzeitig vor den Bomben gerettet. Im Klostermuseum wird die wechselhafte Geschichte des Klosters erzählt.

NATIONALPARK DER ABRUZZEN

Dieser 40 000 Hektar große Nationalpark bietet unberührte tiefe Wälder, hohe Berge und stille Täler. Fast 70 Prozent des Parks sind mit uralten Wäldern bedeckt, in denen Wölfe und Bären leben. In den Park fährt man im Osten bei Villetta Barrea, im Westen bei Forca d'Acero und im Norden bei Gioia Vecchia. Wanderungen sollte man vorplanen und sich nur mit einer guten Wanderkarte auf den Weg machen – und man sollte sich auch erkundigen, wo sich in der Regel Wölfe und Bären aufhalten, um unangenehme Begegnungen zu vermeiden.

BOMARZO

In der Nähe von Viterbo lockt der ungewöhnliche Garten »Sacro Bosco« mit bizarren und seltsamen Skulpturen:

Wundervolle Landschaft hat der Abruzzen-Nationalpark zu bieten.

Der extravagante Herzog Vicino Orsini legte im 16. Jahrhundert diesen Privatpark an, um seine Besucher zu überraschen. Die beste Besichtigungszeit ist der Morgen, der Frühling oder Herbst: Man muß den Monstergarten ohne viele Touristen genießen – nämlich dann, wenn

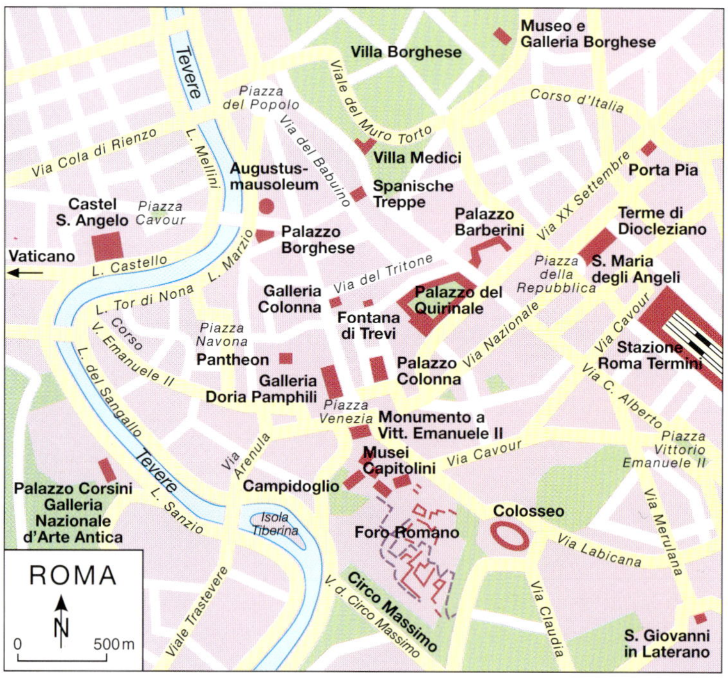

er fast leer ist und ganz besonders romantisch und geheimnisvoll wirkt.

VITERBO

Diese Stadt war einmal Residenz der Päpste, daher erklären sich auch die vielen mittelalterlichen Paläste und Kirchen. Bei einem Gang durch das Stadtviertel San Pellegrino bekommt man den Eindruck, daß sich seit dem Mittelalter nicht viel verändert hat: Die vielen Türme, die engen Gassen und die für Viterbo typischen Außentreppen, über die man das erste Stockwerk der alten Wohnhäuser erreicht, verleihen diesem Viertel einen ganz besonderen Reiz. 5 Kilometer nördlich von Viterbo

Nächtliche Silhouette des päpstlichen Palastes in Viterbo.

steht die frühbarocke Villa Lante mit ihren herrlichen Garten- und Brunnenanlagen, deren Besuch sich durchaus lohnt.

TARQUINIA

Die Stadt war in der Zeit der Etrusker eine belebtes Zentrum. Von den Häusern und Tempeln dieses Volkes ist zwar nicht viel geblieben, doch ihre Nekropolen, ihre Totenstädte, lassen sich besichtigen – wie auch in Cerveteri. Die Gräber wirken von außen fast nichtssagend, bieten aber innen wunderbare Wandmalereien und Stukkaturen. Spannend ist auch ein Besuch im Museo Nazionale Tarquinense; hier wird die Kunst dieses geheimnisvollen Volkes gezeigt, das noch einige Rätsel aufgibt.

OSTIA ANTICA

Diese Ortschaft war in der Antike der Hafen Roms; heute, 2000 Jahre später, liegt das Meer einige Kilometer entfernt, und Ostia ist – ähnlich wie Pompeji – eine erstaunlich gut erhaltene antike Stadt. Man erreicht die Ausgrabungen entweder mit dem eigenen Wagen, Richtung Flughafen Fiumicino, oder aber mit der S-Bahn von der Stazione Ostiense Richtung Ostia Lido aus. Einige Häuser, ein Theater und Thermen, Geschäfte, Kneipen und öffentliche Bedürfnisanstalten mit Löchern in den Steinbänken wirken wie Kulissen in einer Filmstadt. Einige der Fassaden reichen selbst heute noch bis zu 10 Metern hoch.

Tips für unterwegs

Nach Rom fährt man besser nur mit dem Wagen hinein, wenn man einen Hotelparkplatz hat: Falschparker – selbst wenn es sich dabei um ahnungslose Touristen handelt – werden gnadenlos zu Geldstrafen »verdonnert«. An der Küstenstraße zwischen Gaeta und Formia kann man wunderschöne Badestrände entdecken. Am Ufer des Nemisees wiederum befindet sich ein kleines Museum, in dem die Reste römischer Schiffe aus dem See ausgestellt sind. Wer zur Papstaudienz im Sommer nach Castel Gandolfo will, nimmt entweder den eigenen Wagen oder aber von der Stazione Termini in Rom aus den bummeligen Nahverkehrszug. Die Strecke ist schön und abwechslungsreich, aber Achtung: Vom Bahnhof in Castel Gandolfo muß man zum Ort den Berg zu Fuß erklimmen.

Von hier oben versuchte die Zauberin Circe, Odysseus zu betören.

SOUVENIRS

Ein Stück des herzhaften Pecorino, des typischen Schafskäses aus Latium, sollte man schon nach Hause mitnehmen, und auch der Provolone, ein pikanter Knetkäse, ist nicht zu verachten. Weinliebhaber werden in den Castelli Romani auf ihre Kosten kommen: Neben süffigen und qualitativ eher zweifelhaften Massenprodukten finden sich hier auch einige buchstäb-

Süße Versuchung: Die Konditoren der Region sind äußerst kreativ.

lich ausgezeichnete Weiß- und Rotweine. Für Modebewußte ist ein Einkaufsbummel in Rom natürlich ein Muß und die Gelegenheit, italienischen Chic mit nach Hause zu nehmen.

Unerreichtes Meisterwerk: Michelangelos »Erschaffung des Menschen« in der Sixtinischen Kapelle in Rom.

Auf Goethes Spuren durch Italien

Goethe reiste im September 1786 Hals über Kopf nach Italien, um der bürgerlichen Enge im heimischen Weimar zu entfliehen; sein Aufenthalt im »Land, wo die Zitronen blühn« sollte schließlich bis Mitte 1788 dauern. Norditalien ignorierte der Geheime Rat so gut wie ganz in seinem Tagebuch; von seinem geliebten Rom und dem Süden berichtete er hingegen ausführlich. Wer wissen will, wo und wie Goethe in Rom, wo er sich die meiste Zeit über aufhielt, lebte, besuche die Casa di Goethe in der Via del Corso 18: Hier, wo der Dichterfürst seinerzeit bei seinem Landsmann, dem Maler Tischbein, zur Untermiete wohnte, ist heute ein Kulturinstitut und Museum untergebracht. Die klassische Epoche in Goethes Schaffen wurde in Italien eingeläutet – hier gab er der »Iphigenie« den letzten Schliff und entwarf den »Torquato Tasso«. Er vertiefte auch seine ästhetischen und wissenschaftlichen Studien: Noch heute wird in Padua die »Palma di Goethe« gezeigt – jene Palme, die der Forscher für naturwissenschaftliche Untersuchungen benutzte; und in Palermo hoffte er gar, die »Urpflanze« zu finden.

In Ostia Antica läßt sich Kultur mit einem Spaziergang verbinden.

Kuriose Kulisse: Nicht der fernen Weltraumzukunft, sondern einer erfindungsreichen Vergangenheit entstammen die sonderbaren Trulli von Alberobello.

Durch Apulien und die Basilicata

ROUTE 6

Durch das römisch-staufisch geprägte Apulien hinunter an das südlichste Ende des Stiefelabsatzes und in die westliche Basilicata: Im wirtschaftlich schwachen Süden läßt sich eine reiche Kulturlandschaft entdecken, deren Sehenswürdigkeiten fast noch Geheimtips sind.

ROUTE 6

Das Schatzkästchen Italiens

Apulien und der Stiefelabsatz haben viele Gesichter: Hunderte von Strandkilometern, liebliche Buchten und türkisfarbenes Meer stehen für ungetrübte Badefreuden. Doch auch für kulturinteressierte Reisende hat die Region einiges zu bieten: Architektonische Besonderheiten wie die Trulli, das Castel del Monte, die Sassi von Matera und die Barockbauten der Stadt Lecce sind außergewöhnliche Kunstdenkmäler und allemal eine Reise wert.

Kultur und Meer lassen sich auf dieser Route, die nach Apulien und in die Basilicata führt, ausgezeichnet miteinander verbinden. Wenig Kultur etwa und viel Meer hat *Pescara* zu bieten, das im Zweiten Weltkrieg schwere Schäden erlitt; ein berühmter Sohn der Stadt war Gabriele D'Annunzio. Von hier aus in südlicher Richtung die Adriaküste hinunter erreicht man Apulien – eine Region, deren Landschaft bis auf die bergige Garganohalbinsel flach ist. Gemüse- und Olivenplantagen wechseln sich mit Getreide- und Weinfeldern ab; die Gegend ist herb und birgt herrliche Kunstdenkmäler.

Jeden Morgen frischer Fisch: Als Küstenstadt hat Bari natürlich eine enge Verbindung zum Meer.

Von *Termoli* aus kann man mit der Fähre auf den einzigen Archipel der italienischen Adria, die *Isole Tremiti*, übersetzen. Mit ganz verschiedenen Reizen locken beide Hauptinseln: San Nicola mit einem mittelalterlichen Kloster und San Domino mit wild-zerklüfteter Landschaft. Zunächst weiter am Meer entlang, dann durch das erst leicht hügelige und dann immer ebener werdende Landesinnere erreicht man *San Severo*; der Ort, wegen seiner Weißweine und romanischen Gotteshäuser bekannt, ist der ideale Ausgangspunkt für die etwa 200 Kilometer lange Rundfahrt über die Garganohalbinsel, die durch eine der schönsten Landschaften Süditaliens führt.

Auf der Fahrt über Cagnano und Rodi sowie Peschici und Vieste immer an der Küste entlang nach Manfredonia enthüllt der Garganosporn seine ungewöhnliche Vielfalt: Wälder wechseln mit hinreißenden Strandabschnitten ab, auf Almen weiden Viehherden, und in Fischerorten wie *Peschici* kann man sich in guten Hotels verwöhnen lassen. Wer übrigens in *Manfredonia*, das über ein sehr interessantes Antikenmuseum verfügt, ein Schiff auf die Isole Tremiti nimmt, hat linker Hand die ganze Küste des Gargano vor sich.

Hochkultur und Kriegsgemetzel. Das uralte *Foggia*, durch manche Erdbeben und Bombardierungen im letzten Weltkrieg schwer in Mitleidenschaft gezogen, liegt im Landesinnern, umgeben von weiten Gemüsefeldern. Von jenen glücklichen Jahren Süditaliens, als unter Friedrich II. die morgenländische und die abendländische Kultur eine nie mehr wiedergekehrte Symbiose eingingen, zeugen in Apulien viele Bauwerke, die noch erstaunlich gut erhalten sind: So hielt 18 Kilometer nordwestlich von Foggia in dem heute wie verlassen wirkenden *Lucera* der Stauferkaiser im 13. Jahrhundert mit seinem Gefolge, befreundeten Sarazenen und Astrologen hof. Aus dieser Glanzzeit Luceras stammt noch ein schöner Dom aus dem 13. Jahrhundert, der – was für Süditalien nicht unbedingt typisch ist – Gotik und Romanik verbindet.

Canosa di Puglia befindet sich auf dem Rückweg Richtung Meer. Auch wenn die Fassade der romanischen Kathedrale aus

Mastenwald im Hafen von Bari: Die Fischer sind hier nicht mehr allein auf dem Meer – wer es sich leisten kann, hat eine Jacht.

Als Stadtpatron wird in Bari der heilige Nikolaus verehrt.

»Kennst du das Land,
wo die Zitronen blühn,
Im dunkeln Laub die
Gold-Orangen glühn,
Ein sanfter Wind vom
blauen Himmel weht,
Die Myrte still und hoch
der Lorbeer steht...«

J.W. von Goethe, Mignon, 1795/96

Zahlreiche Sandstrände (wie hier bei Pescara) säumen die Küsten bis in den Süden Apuliens.

Die Garganohalbinsel hat neben der Kultur auch eine selten schöne und naturbelassene Landschaft vorzuweisen.

dem 19. Jahrhundert stammt, birgt das Kircheninnere doch einige kunsthistorische Schätze, darunter ein prächtiges romanisches Grabmal und einen aus dem 12. Jahrhundert stammenden Bischofsthron. In *Barletta* an der Küste, einst Sitz zahlreicher Ritterorden, erinnert eine fast 5 Meter hohe altrömische Skulptur, der sogenannte »Colosso«, an die Bedeutung dieser Stadt in der Antike; Zeugnis der kulturellen Blüte unter dem Stauferkaiser ist zudem ein prächtiges Kastell. 12 Kilometer südwestlich von Barletta, bei *Canne della Battaglia*, dem antiken Cannae, besiegte Hannibal mit seinen Elefanten 216 v. Chr. die Römer. Wer lang genug gräbt, heißt es, kann auf den Feldern noch Relikte der beiden Heere finden.

Glanzpunkte staufischer Macht. Südlich von Barletta gelangt man nach *Andria*, einer heute eher unauffälligen Stadt, in der eine schöne Kathedrale steht. In Andria hielt sich Friedrich II. besonders gern auf; hier wurde außerdem sein Sohn Konrad geboren, und hier liegen auch seine Ehefrauen Isabella von England und Jolande von Jerusalem begraben.

Majestätisch steht auf einem Hügel das *Castel del Monte*, einer der berühmtesten und rätselhaftesten Bauten des europäischen Mittelalters. Friedrich II. errichtete rund 200 Festungen in ganz Italien, aber keines dieser Bauwerke ist so schön wie Castel del Monte: Die burgähnliche Anlage dieses Jagdschlosses besteht aus hellem Stein und ist achteckig; ihre Türme messen immerhin 24 Meter in der Höhe. Wie sehr es von der antiken Architektur beeinflußt war, verdeutlichen die harmonischen Proportionen des Bauwerks, und innen faszinieren die klar gegliederten Säle, die für die Zeit fortschrittlichen sanitären Einrichtungen und ein raffiniertes Wasserleitungssystem.

Von soviel Kunst sollte man in der zwar leicht heruntergekommenen, aber malerisch von weiten Olivenplantagen umgebenen Stadt *Bitonto* eine Rast einlegen. Wer noch immer nicht genug vom Schauen und Staunen hat, kann die örtliche Kathedrale erkunden, die eines der schönsten Beispiele der Romanik in Apulien ist und den berühmten Gotteshäusern von Bari und Trani als Vorbild diente.

Bari ist eine große Hafenstadt, die durch ihre Kleinkriminalität ein recht negatives Image bekommen hat: Man sollte seinen Wagen nicht in stillen Gassen parken und Handtaschen sowie Fotoapparate dicht am Körper halten. Baris enge Altstadt, die

Handarbeit: Fischer in Gallipoli beim Netzeflicken.

Wer die weite Fahrt auf sich nimmt, kann das ungestörte Strandleben bei Vieste genießen.

Zeugnis von der römischen und byzantinischen Vergangenheit ablegt, besticht heute vor allem durch zwei romanische Bauwerke: In der Basilica di San Nicola lagen einmal die Gebeine des heiligen Nikolaus, der ja Türke gewesen sein soll; im Mittelalter entwendeten Seeleute seine als Reliquien verehrten Skelettreste und brachten sie in die Türkei. Aus Trauer über diese Entführung und als »Ersatz« bauten sich die Einwohner von Bari ein beeindruckendes Gotteshaus. Und auch in der Kathedrale San Sabino findet man romanische Kunst: Die byzantinische Exsultet-Rolle (also eine Osterlobpreisung) aus dem 11. Jahrhundert im Kirchenarchiv enthält wunderschöne Bilddarstellungen.

Geheimnisse in Fels und Stein. Ruhiger als im chaotischen Bari geht es auf dem Land Richtung Süden zu; kleine Straßen führen durch Ortschaften, die erst am Abend aufzuwachen scheinen. In *Castellana Grotte* lockt Italiens schönste Naturhöhle: Rund 3 Kilometer geht es hinein in den Bauch der Erde und durch atemberaubende Natursäle hindurch.

Viele hübsche Winkel lassen sich im vom Barock geprägten Lecce entdecken.

ROUTE 6

Spielplatz der Naturgewalten: Das Meer hat bizarre Formen aus der Küste gewaschen.

Von der Grotte aus sollte man die Landstraße nach Alberobello nehmen, um das faszinierende, an eine Wüste erinnernde Kreidekalkplateau der sogenannten Murge zu erleben. Typisch für die Murge sind weite Wein- und Olivenplantagen und die »trulli«, runde Gebäude aus dem 17. Jahrhundert mit kegelförmigen Dächern, die ohne Mörtel aus Steinplatten gebaut sind – sie sollten bei Auftauchen der Steuereintreiber so schnell wie möglich abbaubar sein. Die Trulli stehen dicht an dicht und wirken recht lustig; Zentrum dieser bizarren Bauwerke ist der Ort *Alberobello*. Ganz in der Nähe befindet sich *Locorotondo*. Der vollkommen weiß gestrichene Ort liegt malerisch auf einem Hügel, und die wenigen Straßen ziehen sich kreisförmig um die Hügelspitze herum. Von hier ist der Blick ins Land wunderbar: In der weiten Ebene wechseln sich Bäume mit Trulli ab. Nicht weit von Locorotondo (wo übrigens auch ein bekannter Weißwein gekeltert wird) lohnt *Martina Franca* einen Besuch; hier ist die Altstadt in einem sehr üppigen Barock- und Rokokostil, ganz typisch für Apulien, errichtet worden.

Bezauberndes auf dem Land (oben) und in der Stadt (darunter). Die Grotte Monte Sant'Angelo (rechts unten).

Die Hügellandschaft der Trullistädte geht nun in eine wieder ganz flache Ebene mit geraden Straßen über, die in die Hafenstadt *Brindisi* führen. Dort endet auch die von Rom ausgehende berühmte Via Appia Antica; das Ende dieser über zweitausendjährigen Straße wird im Zentrum von Brindisi durch die Colonna Romana markiert, eine antike Säule aus Marmor. Von der glorreichen Geschichte der Stadt, die von Kaiser Trajan aus- und umgebaut wurde, zeugen heute nur noch wenige Ruinen; besuchenswert ist aber die romanische Kirche San Giovanni al Sepolcro.

Perlen Apuliens. Ein architektonischer Leckerbissen erster Güte ist wieder die Stadt *Lecce*, die 38 Kilometer südlich von Brindisi wahre Schätze für ihre Besucher

Traumurlaub garantiert: Hotels am Monte Gargano (links). Zeugen einer großen Vergangenheit: der Koloß von Barletta (oben), Relief von San Leonardo di Siponto (darunter).

bereithält. Das antike Lupiae kam im Mittelalter in normannische Hand; berühmt wurde Lecce jedoch erst zwischen dem 15. und 17. Jahrhundert durch seinen eigenständigen Barockstil: jeder Einwohner, der die Mittel aufbringen konnte, errichtete sich damals eine Villa oder einen Palazzo in diesem neuen Baustil. Der Barock von Lecce ist besonders reich in seinen Formen und Ausschmückungen, und da für die Bauten ein sehr weicher Kalkstein benutzt wurde, konnte man auch überaus phantasievolle Verzierungen anbringen. Reizvoll sind vor allem die Kirche Santa Croce und der Palazzo Vescovile mit dem benachbarten Dom. Man sollte den Altstadtkern von Lecce nachts durchbummeln: Im Licht der Straßenlaternen hat man den Eindruck, sich auf einer riesigen barocken Bühne zu befinden.

Zum Großteil an der Adria entlang gelangt man nach *Otranto*, einer weiteren Perle Apuliens und östlichste Stadt Italiens; von hier aus trieben die alten Römer Handel mit Kleinasien. In der Kathedrale hat sich bis heute das vielleicht schönste romanische Fußbodenmosaik in Süditalien erhalten: Die stilisierten, immer noch frisch wirkenden Figuren vermitteln einen lebhaften Eindruck von der phantasievollen mittelalterlichen Bilderwelt. Das Mosaik schuf der Mönch Pantaleone zwischen 1163 und 1166 aus sage und schreibe 10 Millionen Einzelteilchen.

Fortsetzung Seite 133

In Apulien sucht man hektisch-laute Badeorte à la Adria vergebens – hier kann man noch intakte Fischerorte und freundliche Menschen, sauberes Meerwasser und erholsame Ruhe finden.

Das Meisterwerk des Stauferkaisers

Friedrich II. war ein seltsamer Mensch – jedenfalls für sein Zeitalter, das hohe Mittelalter. 1194 wurde der Sohn Kaiser Heinrichs VI. und der Sizilianerin Constanza im apulischen Iesi geboren. Nach dem Tod seiner Eltern hatte man ihn zunächst vom deutschen Erbe ausgeschlossen, so daß er nur die Krone von Palermo besaß; damit waren die Würfel gefallen: Das »Kind von Apulien« sollte den Deutschen stets fremd bleiben – seine Welt war nicht die der tiefen Wälder und dichten Wolken, sondern der blaue Himmel Süditaliens.

Einsamer Traum aus Stein: Das kühne Opus magnum Friedrichs II. rettet eine Ahnung vom Geheimnis des Mittelalters in die Gegenwart.

Weil er gezwungen war, sich ständig gegen Feinde zu verteidigen – der Papst schmiedete ununterbrochen Komplotte gegen den Staufer –, ließ Friedrich II. eine Vielzahl von Burgen und Jagdschlössern erbauen, die nach seinen eigenen Vorstellungen ausgestaltet und ausgestattet wurden. So bestechen diese Bauwerke noch heute durch ihre für das Mittelalter ungewöhnlich klassischen und harmonischen Grundrisse, die eher an die darauffolgende Renaissance erinnern.

Der bekannteste, seltsamste und schönste Bau Friedrichs in Süditalien ist das Castel del Monte in Apulien. Wer von Trani auf der schnurgeraden Straße nach Castel del Monte fährt, wird den Bau schon von weitem auf einer fast kahlen Bergkuppe erblicken. Das gewaltige, aus riesigen glatten Quadern errichtete Achteck mit acht ebenfalls achteckigen Türmen und einem achteckigen Innenhof besticht durch seine Eleganz: Dieses Kastell ist in der europäischen Architekturgeschichte ohne

Vorbild und auch ohne Epigonen. Es ist gleichsam ein Unikat, das viel über den einzigartigen Charakter des Stauferkaisers verrät und sich in seiner streng geometrischen Logik nur noch mit den ägyptischen Pyramiden vergleichen läßt. Die einzige künstlerische Ausstattung des sonst spartanischen Baus, über dessen Bedeutung und Zweck im übrigen nicht viel bekannt ist, sind schlanke Säulen aus farbigem Marmor, die die hohen Innenräume schmücken. Der Legende nach habe sich der Staufer in dieses Kastell zum Studieren und Schreiben zurückgezogen; den Historikern zufolge hat er aber nie hier gewohnt, da er bereits vor der Fertigstellung starb. Zur Zeit Friedrichs war die das Kastell umgebende Landschaft noch von dichten Wäldern bewachsen, in denen der Herrscher jagen ging. Mit den Jahrhunderten aber wurden die Bäume abgeholzt, und die Landschaft verkarstete. Dürre ist heute in den Sommermonaten hier die Regel. Mittlerweile erhebt sich daher die »steinerne Krone Apuliens« ganz einsam in einer nackten Umgebung. Noch heute geht die Sage von den Seelen Friedrichs und seines Sohnes Manfred, die im Herbst, wenn heftige Stürme um das Kastell toben, an diesen Ort zurückkehren. Wenn der Wind durch die Schießscharten pfeift, dann, so erzählt man sich, beklagen die Geister der toten Staufer das Ende ihres Reiches.

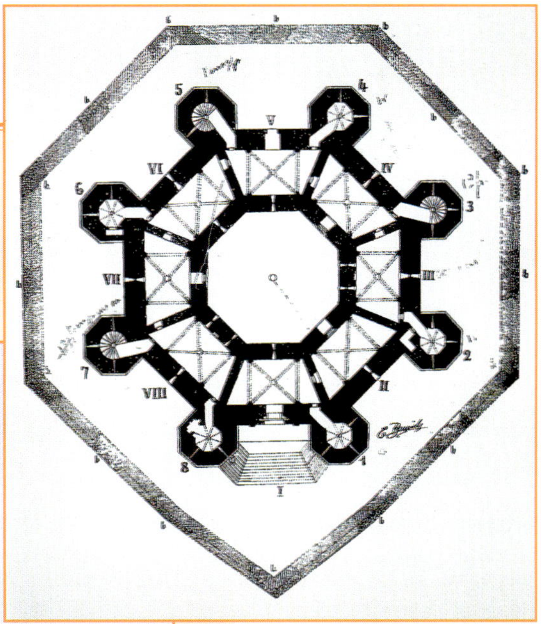

Geometrie als Kunst: Der Grundriß von Castel del Monte folgt strengen mathematischen Gesetzen und vermag durch diese klare Ästhetik zu faszinieren.

Ein moderner Kaiser des Mittelalters

Friedrichs II. (1194–1250) große Liebe war nicht sein Erbland, sondern Italien, das unter seiner eigenwilligen Regentschaft zum Brückenkopf zwischen Abend- und Morgenland wurde. Unter Friedrichs Herrschaft blühten Kunst und Naturwissenschaften in Italien auf, und auch seine Gesetzgebung war für das Mittelalter sehr modern; all dies trug ihm den Beinamen »stupor mundi« ein: »der, der die Welt erstaunt«. Friedrichs Weltanschauung war gekennzeichnet durch Liberalität und eine geistige Aufgeschlossenheit, die den Päpsten stets suspekt war. Er wurde schließlich zu ihrem Feind (den sie sogar zweimal exkommunizierten), weil er sich – nach dem Vorbild des orientalischen Harems – nicht um das Gebot der Monogamie scherte und mit Arabern, also Heiden, befreundet war; vor allem aber, weil er sich als freier Mensch verstand, der sich vom Papst nichts vorschreiben ließ. Für die Kirche war er damit untragbar geworden.

Allein mit dem Meer und den Möwen an der Steilküste bei San Cataldo nahe Lecce.

Die Religion durchdringt im armen Süden das Alltagsleben und ist allgegenwärtig: Gerade hier hat sich eine tiefe Gläubigkeit und Heiligenverehrung im Volk gehalten, die sich buchstäblich auf Schritt und Tritt äußert – auf der Straße, in Prozessionen und an den Hauswänden.

Stein hat viele Formen und Gesichter: Treppenaufgang in Gallipoli (links), Straßenansicht von Matera (oben).

Gen Süden in die Basilicata. Richtung Gallipoli sollte man die Küstenstraße benutzen, die immer wieder den Blick auf unberührte Strände freigibt. Hinter Capo Santa Maria di Leuca, der südlichsten Spitze Apuliens, geht es wieder nordwärts nach *Gallipoli* mit seiner engen Altstadt, die auf einer durch eine Brücke erreichbaren Insel liegt. Es empfiehlt sich ein Spaziergang über die »Riviera«, die Straße rund um diese Miniinsel herum.

In nordwestlicher Richtung, immer am Meer entlang, erreicht man *Tarent*; im örtlichen Museo Nazionale findet sich eine der bestbestückten Schmuck- und Keramiksammlungen der griechischen Antike. Tarent ist auch für seine »Settimana Santa« bekannt: In der Osterwoche ziehen hier mittelalterlich anmutende, bis zu geschlagene zwölf Stunden dauernde Prozessionen durch die Altstadt.

Bald hinter Tarent verläßt man Apulien und taucht in die Basilicata ein, die eines der touristisch am wenigsten erschlossenen Gebiete Süditaliens darstellt. Hier wird die Landschaft immer karger und erinnert zuweilen an die toskanischen Crete. *Matera* ist eine der faszinierendsten Ortschaften nicht nur der Basilicata, sondern ganz Italiens; sie liegt an einer Felsschlucht, die die Landschaft stark zerklüftet und überdies auch das Gesicht der Altstadt von Matera geprägt hat: Diese besteht aus »sassi«, uralten Felswohnungen, die seit der Antike bis hinein in die fünfziger Jahre des 20. Jahrhunderts bewohnt waren. Die UNESCO hat die Sassi unlängst zum Weltkulturerbe erklärt.

Auf dem Weg nach Altamura sollte man einem Hinweisschild zu den »Chiese rupestre«, den Felsenkirchen, folgen. Von dort aus bietet sich noch einmal ein herrlicher Blick auf Matera. *Altamura* wurde von den Sarazenen zerstört und von Friedrich II. wieder aufgebaut. Die romanische Kathedrale ist die einzige Kirche, die auf ausdrücklichen Wunsch des Stauferkaisers entstanden ist: Mit der Kirche hatte er ja bekanntlich nicht viel im Sinn.

Sicherlich etwas nachdenklich verläßt man die rätselhafte, bizarre Basilicata und kehrt Richtung Bari wieder in das heitere Apulien zurück, wo türkisblaue, klare Gewässer und Hunderte von Strandkilometern zum unbeschwerten Baden einladen.

In Lecce hat das Nebeneinander von Gestern und Heute seinen eigenen Charme.

Planen und erleben…

Artenreiche Vielfalt: Apulien wartet mit allerlei botanischen Kostbarkeiten auf.

↓ km	ENTFERNUNGEN	↑
km	**Pescara**	764
	95 km	
95	**Termoli**	669
	92 km	
187	**Manfredonia**	577
	39 km	
226	**Foggia**	538
	70 km	
296	**Barletta**	468
	55 km	
351	**Bari**	413
	151 km	
502	**Lecce**	262
	40 km	
542	**Gallipoli**	222
	104 km	
646	**Taranto**	118
	82 km	
728	**Altamura**	36
	36 km	
764	**Bari**	km

Die Highlights

DIE GARGANOHALBINSEL

Der Stiefelsporn ist eine der landschaftlich reizvollsten Gegenden Süditaliens: Wälder und Strände, malerische Ortschaften und Weiden verbinden sich hier zu einer eigentümlichen Harmonie. Am besten plant man ein paar ruhige Tage ein, um die ganze Halbinsel abfahren und erleben zu können; selbst eine kurze Rundfahrt dauert schon einen Tag – allerdings bleibt dabei dann keine Zeit mehr für ein (Sonnen-)Bad und einen Teller Meeresfrüchte am Strand.

Den Garganosporn säumt eine panoramareiche Küstenstraße.

Eldorado des Barock: Lecce.

CASTEL DEL MONTE

Diese rätselhafte Burg des Stauferkaisers Friedrich II. liegt exponiert inmitten einer fast kahlen Landschaft auf einem Hügel; früher umgaben einmal Wälder diesen achteckigen und äußerlich schlichten, aber gewaltigen Bau, der in seiner architektonischen Harmonie in ganz Italien seinesgleichen sucht. Kurz vor Sonnenuntergang ist der Ort am schönsten, wenn die Mauern sich leicht rötlich färben. Wer zu dieser Tageszeit vor dem Schloß ein Picknick mit Käse, Brot und einem Weißwein aus Locorotondo macht, wird eine einmalige Atmosphäre erleben.

ALBEROBELLO

Der Ort ist das Zentrum der Trulli, jener lustig anzuschauenden rundlichen Häuser, deren Wände weiß gekalkt sind. Ganze Straßenzüge werden von diesen Trulli bestritten, in denen zuweilen auch Trattorien und Pensionen untergebracht sind. Der Trullo Sovrano ist auf jeden Fall einen Besuch wert, denn er ist einer der größten Trulli der Ortschaft. Und auch die Kirche Sant'Antonio wurde in Form eines Trullo errichtet.

LOCOROTONDO

Von weitem strahlt schon das weiße Städtchen von einem hellbraunen Hügel herab. Locorotondo zieht sich kreisförmig – daher auch der Name – um den Hügel vom Tal bis zur Spitze hinauf. Vor allem an Sommerabenden, wenn die Einwohner vor ihren Wohnungen sitzen und die Bustouristen fort sind, ist es hier besonders schön und dörflich. Der Blick ins Itria-Tal hat viele Reize zu bieten: So weit das Auge reicht, sind Felder und Plantagen zu sehen. Hier wird unter anderem der Locorotondo angebaut, einer der besten Weißweine Süditaliens.

Wie intergalaktische Fremdkörper muten die Trulli an – hier bei Locorotondo.

LECCE

Der Barock von Lecce ist einmalig in ganz Italien. Seit dem 15. Jahrhundert wurde die Stadt nach dem neuen Stil der Zeit vollkommen umgebaut und ausgeschmückt. Dieser Barock zeichnet sich durch überschwengliche Verzierungen aus, wie man sie sonst nur auf Sizilien finden kann. Die Basilika Santa Croce und die Piazza del Duomo sind die beeindruckendsten Beispiele des Barock von Lecce, und vor allem nachts, wenn die einzelnen Gebäude angestrahlt werden, wirkt das historische Zentrum wie die Kulisse für einen Film.

Barock von der verspielten Seite: properes Kerlchen in Lecce.

OTRANTO

Diese uralte Ortschaft mit ihren weißen Häusern liegt am Stiefelabsatz: Dies ist der östlichste

Ausläufer Süditaliens, genauer gesagt Apuliens. Die Altstadt blickt auf das Meer hinaus und lockt mit engen Gassen und wunderschönen Kirchen. In der Kathedrale wurde im 12. Jahrhundert der gesamte Fußboden mit faszinierenden Mosaiken ausgelegt. Nach der Stadtbesichtigung fährt man die Straße an der Südküste nach

Sehen und gesehen werden an der Uferpromenade von Otranto.

Santa Maria di Leuca – das sind etwa 50 Kilometer – immer am Meer entlang. Die Aussicht auf die unberührte Küste mit ihren verschwiegenen Buchten ist hier ganz besonders reizvoll.

MATERA

In ganz Europa findet sich kein Ort, der sich mit Matera vergleichen ließe: Das von der UNESCO zum Weltkulturerbe deklarierte Zentrum des Städtchens besteht aus Tausenden von in den Fels gegrabenen »sassi«, wie die Häuser und Wohnungen dort heißen. Schon vor Jahrtausenden lebten hier Menschen. Heute bieten einige Hotels in den Sassi Unterkunft, und immer mehr Künstler lassen sich in den eigenartigen Höhlen nieder. Vor allem nachts reizt ein Spaziergang durch die Stadt: Die Sassi wirken dann ganz besonders seltsam und geheimnisvoll. Wer über die »Strada dei sassi« um den Domfelsen herum- und am Rand der nahe gelegenen, tief eingegrabenen Felsschlucht entlangfährt, wird sich an dem atemberaubenden Ausblick erfreuen können.

Tips für unterwegs

Man kann es nicht oft genug wiederholen: In den meisten apulischen Städten, vor allem aber in Bari, gehen gerissene und äußerst geschickte Taschen- und sonstige Diebe um; man sollte deshalb sein Auto nur auf einem sicheren Parkplatz – am besten dem des

Ecken und Winkel: Gallipoli.

Hotels – abstellen und auch auf Taschen und Fotoapparate genauestens achtgeben. Die Kleinkriminalität hat in Bari leider nationalen Rekord erreicht.

Einzigartig in Europa ist das zauberhafte Matera mit seinen Sassi.

Der südlichste Punkt des Stiefelsporns ist bei Capo Santa Maria di Leuca erreicht.

Außerdem sind viele Straßen Apuliens dringend reparaturbedürftig – man muß deshalb ganz besonders vorsichtig fahren; trotzdem sollte man sich von den zahllosen Stränden dieser Region, an denen die Küstenstraßen entlangführen, anlocken lassen. Selbst im Sommer finden sich hier immer noch Buchten, die nicht überlaufen sind – vor allem an der äußersten Spitze Apuliens, bei Santa Maria di Leuca. Man kann auch eine Fahrt durch die Tavoliere, die größte Ebene Italiens (3000 Quadratkilometer), machen, die recht pittoresk ist und in der auch Foggia liegt.

Hier sprechen die Hände: Die Italiener wissen sich gestenreich mitzuteilen.

SOUVENIRS

In Apulien erreicht das Olivenöl hervorragende Qualität. Olivenbäume liefern auch das Material für schöne Holzprodukte, die hier überall hergestellt werden. In der Basilicata findet man pikante Schweinefleisch-Würste, und die vielen Schafherden liefern die Milch für Käsesorten, die seit Jahrhunderten traditionell hergestellt werden. Ebenfalls zu empfehlen: die Weine!

Süditaliens magische Dolmen

Für Hobbyarchäologen und Freunde der Prähistorie hält Apulien eine Sehenswürdigkeit erster Güte bereit: Apulien ist die Region der Menhire, Dolmen und anderer Steinzeitrelikte, die man gewöhnlich eher im Norden Europas vermuten würde. So findet sich in der Nähe von Bisceglie in der Provinz Bari etwa eine der wichtigsten Dolmenkonstruktionen Südeuropas. Sie wurde 1909 entdeckt und besteht aus drei etwa 1,80 Meter hohen Steinen, die einen kleinen Raum bilden; in diese »cella« gelangt man durch einen fast 8 Meter langen »dromos«, einen Korridor, den ebenfalls Menhire bilden. Die Archäologen vermuten, daß eine bislang unbekannte Kultur diese beeindruckende Anlage zu astronomischen Zwecken errichtete. Das gleiche gilt auch für die faszinierenden Dolmen bei Corato, ebenfalls in der Nähe von Bari, und die Dolmengruppe von Fasano in der Provinz Brindisi. Eine »Dolmenrundfahrt« durch Apulien ist aber nur dann vollständig, wenn sie auch die steinzeitlichen Komplexe von Giurdignano, Minervino (beide bei Otranto) und von Racale einschließt.

Das Paradies ist nahe: Blick von Ravello aus auf die amalfitanische Küste.

Von Neapel nach Reggio di Calabria

ROUTE 7

Von Neapel an den Stränden Kampaniens und Kalabriens entlang zur äußersten Stiefelspitze nach Reggio di Calabria: Der oft als »Armenhaus Italiens« geschmähte Süden überrascht durch landschaftliche Vielfalt, paradiesische Strände und eine griechische Vergangenheit.

Küsten des Lichts

Als Klassiker italienischer Strandidylle präsentiert sich seit den fünfziger Jahren die kampanische Küste mit ihren Highlights Sorrent, Positano und Amalfi. Das bisher zu Unrecht vernachlässigte Kalabrien ist weitaus besser als sein Ruf und touristisch noch nicht überlaufen: Hier gilt es, manch erstaunliche Entdeckung zu machen und alte Vorurteile zu revidieren.

Seit Goethe weiß jedes Schulkind, daß Italien das Land der Zitronen ist. An der Küste zwischen Sorrent und Amalfi gedeihen diese besonders gut; hier wird auch der wohlschmeckende Zitronenlikör »Limoncello« hergestellt.

Italiens sicherlich chaotischste, aber zugleich auch spannendste Stadt ist *Neapel*. Von den Griechen als »Neapolis« gegründet, wurde die antike Metropole von den Römern noch weiter ausgebaut. Neapel wurde nie durch Kriege oder Revolutionen zerstört: Sein Stadtbild präsentiert sich daher als ungewöhnlich reichhaltiges Gemisch aller Baustile der Architekturgeschichte. In dieser Stadt geht es laut und lebendig zu, hier gibt die Camorra den Ton an, Taschendiebe machen die elegantesten Straßen unsicher, und in den früher so prachtvollen Palästen versprühen heruntergekommene Innenhöfe ihren romantischen Charme. Als weniger romantisch erweist sich da die Suche nach einem sicheren Parkplatz – so daß ein teurer, aber immerhin bewachter Hotelparkplatz nicht die schlechteste Idee ist.

Hat man sich erst einmal aus dem Straßengewirr der Metropole befreit, so erreicht man 30 Kilometer weiter nördlich *Caserta*, das, wie Neapel auch, in der Region Kampanien liegt. Von Neapel kann man sich im Park der barocken Residenz von Caserta erholen; dieser prächtige Palazzo Reale war als Antwort der italienischen Bourbonen auf Versailles gedacht. Das seit 1752 von dem Architekten Vanvitelli für Karl III. errichtete Schloß mit seinen 1200 Räumen besticht nicht so sehr durch Eleganz als vielmehr durch seine architektonische Gleichförmigkeit. Die prächtige Ehrentreppe im Innern erbaute man vor allem zu Repräsentationszwecken; ein besonderes Highlight ist der 78 Meter hohe künstliche Wasserfall im schönen Park der Residenz.

Der Katastrophenberg. Von Neapel aus kann man einen Ausflug auf den *Vesuv* unternehmen, einen der wenigen noch tätigen und aggressiven Vulkane Europas. Zuletzt brach der Berg mit seinen zwei Gipfeln – der eine 1132, der andere 1281 Meter hoch – 1944 aus; seitdem droht er der Millionenstadt und Hunderten kleiner Ortschaften an seinem Fuß mit dicken Rauchwolken. Ein Aufstieg zum Kraterrand gehört zu den schönsten Bergtouren, die man in Süditalien machen kann: Mit dem Wagen nähert man sich alternativ über zwei gut ausgeschilderte Straßen den Gipfeln; beide Straßen sind echte Panoramastrecken – eine geht von San Vito, die andere von Boscotrecase aus. Dann muß man zu Fuß und am besten mit einem Führer weitergehen. Die Aussicht von ganz oben, dort, wo der Boden aus Lapilli – das sind vulkanische Auswürflinge – und Lava besteht, ist atemberaubend und reicht die ganze Küste entlang bis nach Sorrent, Capri und Ischia.

Im Jahr 79 n.Chr. zerstörte der Vesuv Stabiae, Pompeji und Herculaneum; die beiden letzteren stellen heute das größte römische Ausgrabungsgebiet Europas dar. Auch wenn viele ihrer antiken Villen

Der Treppenaufgang im Palazzo Reale von Caserta ist ein Manifest barocker Komposition und Vollkommenheit.

Sauer macht lustig: Zitronen sind der Exportschlager der amalfitanischen Küste.

Fahrt ins Blaue auf Capri: Ein Besuch der berühmten Grotte zählt zum Pflichtprogramm.

geschlossen sind – um dem Diebstahl einen Riegel vorzuschieben –, vermittelt ein Spaziergang durch die beiden Ruinenstädte doch einen realistischen und sehr lebendigen Eindruck von einer antiken Stadt. Beide archäologischen Gebiete sind im übrigen bequem von Neapel aus mit der S-Bahn zu erreichen, die in Pompeji sogar genau vor dem Eingang hält.

Traumziele von gestern und heute. Die Panoramastraße, die von Torre Annunziata aus die gesamte Küste der Halbinsel von Sorrent bis Amalfi säumt, ist eine der schönsten Straßen Süditaliens; man sollte daher langsam fahren und sich nicht von den oft allzu rasanten Einheimischen und ihrem wütenden Hupen einschüchtern lassen: Nur so kann man die landschaftlichen Reize dieser Straße in ihrer ganzen Schönheit erleben. Jedesmal wenn man aus einem Tunnel auftaucht, besticht die Mischung aus buntgestrichenen Häusern und Zitronen-, Orangen- und Olivenbäumen aufs neue, steil steigen die Straßen an, und jede Kurve präsentiert einen neuen Aussichtspunkt.

»Viele flehten den Beistand der Götter an, noch mehrere aber glaubten, daß keine Götter mehr wären, und hielten diese Nacht für die letzte und ewige Nacht der Welt.«

Plinius d. J., Bericht über das Erdbeben von Pompeji, 79 n. Chr.

Sorrent ist ein Badeort, der seit der Wende zum 20. Jahrhundert besonders von wohlhabenden Briten frequentiert wird. Das Schönste an Sorrent sind die Terrassen, von denen aus man auf den Golf von Neapel, den Vesuv und die berühmten Inseln schauen kann. Die herrlichsten Terrassen gehören zu den alten Luxushotels, weshalb man in einem von ihnen absteigen sollte, um vom Zimmer aus diesen unvergeßlichen Blick genießen zu können. Sorrent ist auch der Ausgangspunkt für Schiffsausflüge nach *Capri*: Den Ruf eines Paradieses für Genußsüchtige hat die seit der Antike von den Reichen frequentierte Insel seit Beginn des Massentourismus längst eingebüßt. Wer jedoch über Nacht auf Capri bleibt – nachdem die Schiffe die Tagestouristen wieder aufs Festland gebracht haben –, der kann den ganzen Zauber dieser Insel genießen. Besichtigen sollte man auf jeden Fall die Ruinen der Villa Jovis: Die Sommerresidenz von Kaiser Tiberius erhebt sich auf

In Neapel kann man Kunst (oben) und italienische Lebensart studieren (unten).

einem Hügel mit Rundblick auf die Insel und den Golf von Neapel. Ein überwältigendes Panorama von steil abfallenden Felswänden und tiefblauem Meer bietet sich auch von der Villa San Michele aus; sie wurde zu Beginn des 20. Jahrhunderts von dem Prominentenarzt und Schriftsteller Axel Munthe errichtet. Sogar Österreichs Kaiserin Sissi war hier zu Gast.

Halsbrecherische Küstenstraßen. Wieder zurück auf dem Festland, heißt die nächste Station *Positano*. Der ganze Ort ist an einen recht steilen Abhang gebaut; wer also das Glück hat, einen Parkplatz zu finden, muß schon treppauf und trepp-

Die Galleria Umberto I in Neapel gibt in ihrer lichten Luftigkeit eine gute Fotokulisse ab.

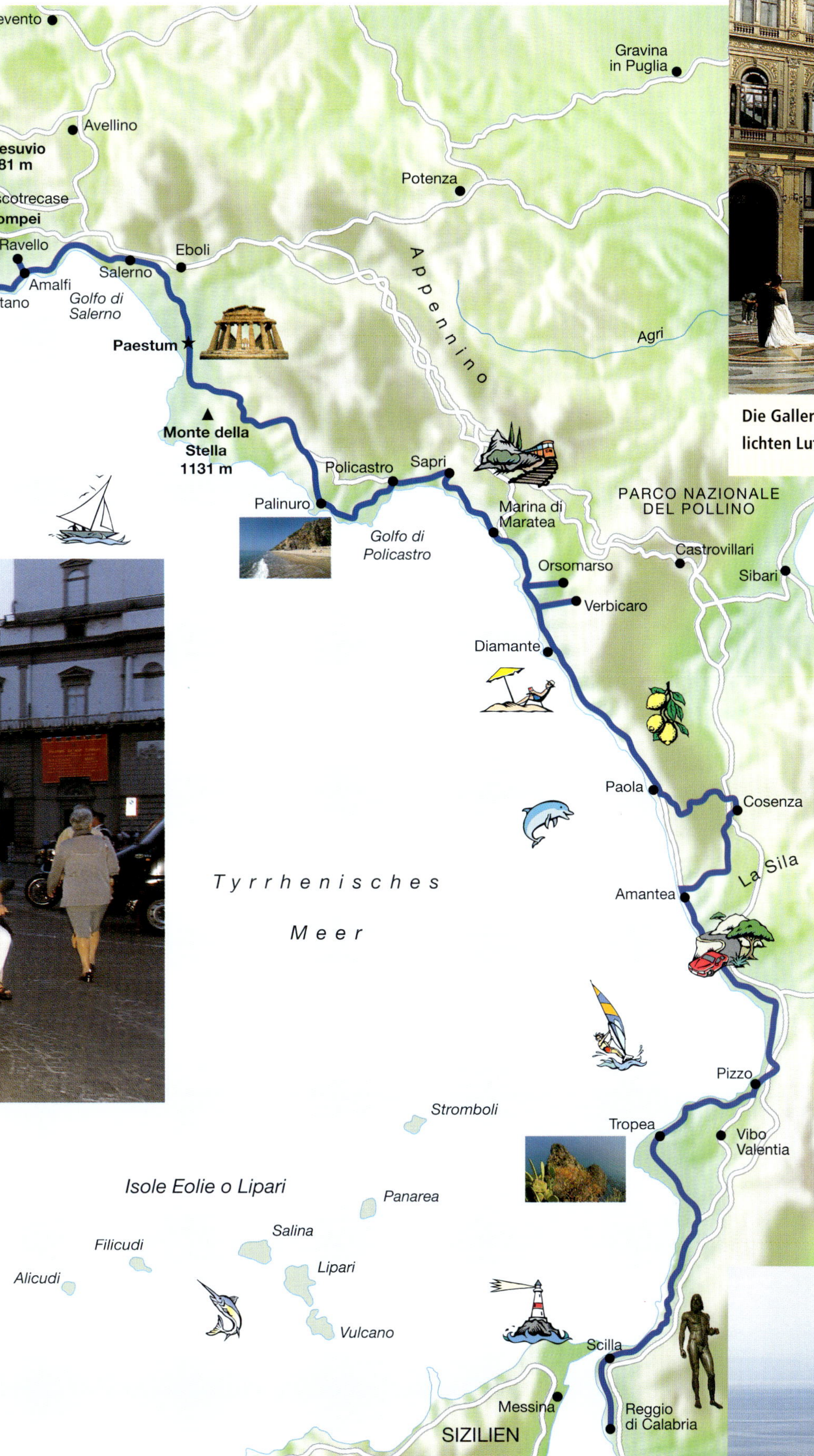

Seltene Symbiose: Der wohl beliebteste Küstenabschnitt von ganz Italien lockt mit einer harmonischen Mischung aus Kunst und Natur.

Geometrisches Gepränge im Dom zu Amalfi (rechts und unten): Der Gedanke an arabische Einflüsse drängt sich auf.

ab laufen, um sich den Charme dieses Ortes zu erschließen. Besonders schön ist ein Ausruhen ganz unten am Strand, von wo der Ort wie ein Amphitheater wirkt.

Am Golf von Salerno liegt ebenso wie Positano auch *Amalfi* – wiederum ein berühmter Name, der aus den italienischen Filmen der fünfziger und sechziger Jahre bekannt ist. Damals fuhren über die Straßen der Halbinsel nur wenige Autos, und die Fahrt war ein Genuß. Heute hingegen muß man höllisch aufpassen, denn auch hier fahren die Einheimischen fast ebenso schnell, wie sie reden: Auch wenn die Italiener statistisch gesehen weniger Autounfälle im Jahresdurchschnitt verzeichnen als die Deutschen, bekommt man es doch bei den vielen Überholmanövern auf der teilweise nadelöhrengen Straße gehörig mit der Angst zu tun.

Amalfi war im Mittelalter eine stolze Seerepublik; von diesen glorreichen Zeiten erzählen heute noch der Dom aus dem 10. Jahrhundert und einige Paläste. In der Nähe von Amalfi, in *Ravello*, findet jeden Sommer ein berühmtes Wagner-Festival statt: Der deutsche Komponist war solchermaßen verzaubert von diesem kleinen Ort, in dessen Palästen und Kirchen sich der mittelalterliche mit dem orientalischen Baustil verbindet, daß er sich hier zu seiner Oper »Parsifal« inspirieren ließ. Ravello erhebt sich 350 Meter über dem Meer, und dort, wo der Blick auf die Küste frei wird, fallen die Felsen so steil ab, daß einem bereits vom bloßen Hinsehen schwindelig werden kann. Beeindruckend sind der romanische Dom, die Villa Cimbrone und der Palazzo Rufolo. Ravello verfügt daneben auch über einige der (von der Bausubstanz und der Aussicht her) schönsten Hotels von Italien.

Über *Salerno*, eine große und relativ unattraktive Hafenstadt, in der nur der Dom

Die große Kultur der Grandhotels ist hier noch sehr lebendig: Vier-Sterne-Häuser in Sorrent (oben) und Porto Marina Piccola (unten).

aus dem 11. Jahrhundert zum Anhalten verlockt, gelangt man zu der griechischen Kolonialgründung *Paestum*. Wenn man inmitten der Ausgrabungsstätte steht, so etwa vor den Tempeln des Poseidon und der Ceres, dann erkennt man, daß man, um beeindruckende Tempel der griechischen Antike zu sehen, nicht unbedingt nach Griechenland fahren muß. Die beiden gewaltigen Tempel aus dem 5. und dem 6. Jahrhundert v.Chr. sind so gut erhalten, daß man hier einen hervorragenden Eindruck von der perfekten Harmonie des dorischen Baustils gewinnt. Es ist ratsam, Paestum bei Sonnenuntergang einen Besuch abzustatten: Der Blick vom Tempel auf das Meer ist unvergeßlich.

Unbekanntes Kalabrien. Für die Fahrt in den Süden, nach Kalabrien, sollte man möglichst die Strecke an der Küste wählen: Die Straße ist zwar recht kurvig, führt aber unter dem 1131 Meter hohen Monte della Stella an kleinen hübschen Fischerorten und Stränden vorbei.
Kalabrien ist eine der von ausländischen Reisenden am wenigsten frequentierten Regionen Italiens. Das hat sicherlich mit dem schlechten Ruf der Region zu tun, denn kriminelle Banden, die die Autofahrer überfallen, und die ebenso legendäre wie aktive 'Ndrangheta (so heißt hier die Mafia) wirken sicherlich nicht gerade einladend; aber Gauner und Paten lassen die Urlauber in der Regel in Ruhe, und Reisende können ganz beruhigt in diese landschaftlich ganz ungewöhnlich abwechslungsreiche und ungemein faszinierende Region fahren. Kalabrien erlebte seine Blüte unter den Griechen; seit dieser Zeit döst die Region jedoch in einem Dornröschenschlaf vor sich hin und wartet darauf, wiederentdeckt zu werden.

Blick von der Villa Cimbrone bei Ravello: Im Golf von Salerno verschmelzen Himmel und Meer miteinander.

Sorrent gehört zu den schönsten Urlaubsorten Italiens – und bestimmt nicht zuletzt wegen seiner traumhaften Bademöglichkeiten.

Die Italiener heiraten für ihr Leben gern, und das – wie hier in Sorrent – mit allem Pomp, der zu Gebote steht.

Fortsetzung Seite 148

An der Steilküste von Amalfi krallen sich Orte wie Positano förmlich an die Hänge.

Die Opfer des Vesuv

Heiraten im Angesicht der antiken Helden: Wer das möchte, sollte sich nach Pompeji begeben (oben). – Die Begegnung mit dem Schicksal der versunkenen Städte Pompeji und Herculaneum, ihrem Alltag und ihrer Kunst ist selbst für Kenner überwältigend.

In den heißen letzten Augusttagen des Jahres 79 n. Chr. begann der Vesuv zu brodeln: Rauch stieg auf, so daß die Einwohner von Pompeji, Stabiae und Herculaneum besorgt Richtung Vulkan blickten; nur wenige aber trafen Vorbereitungen für den Fall eines Ausbruchs, und so waren die Menschen völlig überrumpelt, als die Katastrophe über sie hereinbrach. Pompeji und Herculaneum wie auch Stabiae verschwanden unter einer bis zu 7 Meter dicken Schicht aus Asche und Bimsstein;

jeder fünfte Einwohner kam um. Die Ortschaften wurden nie wieder aufgebaut, sondern vielmehr im Lauf der Zeit vergessen. Um so größer war das Erstaunen, als man im Jahr 1709 bei Grabungen in der Nähe von Resina einen Tempel und Statuen entdeckte. Karl IV. begann 1738 daraufhin mit systematischen Grabungen. An den Gebäuden war man aber nicht interessiert: Sie wurden zum großen Teil zerstört, damit man leichter zu den Statuen und anderen wertvollen Objekten vordringen konnte. Bereits Goethe kritisierte diese Wühlereien: »Jammerschade, daß die Ausgrabungen nicht durch deutsche Bergleute recht planmäßig geschehen,« schrieb er in seiner »Italienischen Reise«, »denn gewiß ist bei einem zufällig räuberischen Nachwühlen manches edle Altertum vergeudet worden.« Seit dem Ende des 18. Jahrhunderts endlich wurden beide Städte vom Vulkanschutt befreit, und noch heute wird gegraben, denn ein Großteil liegt nach wie vor unter der Lava. Nur ein Drittel der anti-

Im Amphitheater gab man den Pompejanern »panem et circenses« (oben). – »Cave canem« (Mitte) bedeutet das, was an deutschen Gartenzäunen »Warnung vor dem Hund« heißt. – Gipsabdrücke von Vulkanopfern (unten).

ken Kommunen sind zu besichtigen. Es fehlt wie so häufig das nötige Geld, und mit Sicherheit ist es manchen Kunstschützern ganz recht, daß die übrigen Relikte Pompejis und Herculaneums unter der Erde bleiben, damit es ihnen nicht so schlecht ergeht wie den zu besichtigenden Ausgrabungen: Diese sind Diebstahl und Verwahrlosung ausgesetzt, denn die italienischen Behörden wissen nicht, wie sie die riesigen Ausgrabungsgebiete effektiv kontrollieren und vor dem Verfall bewahren sollen. Großen Schaden richten aber nicht nur professionelle Kunstdiebe an, sondern auch Tagestouristen, die sich wie in einem Andenkenladen bedienen und Mosaiksteine, Mauerreste und Fragmente von Wandmalereien mitgehen lassen.

2000 Jahre alte Wandmalereien

Am schönsten sind in Pompeji und Herculaneum die Wandmalereien in einigen Gebäuden, wie etwa im Haus der Vettier: Zu sehen sind Putten, die Hausarbeiten verrichten und an die Freskenmalerei der Renaissance erinnern. Geheimnisvoll wird es in der Mysterienvilla, deren Malereien zu den schönsten der römischen Antike gehören; darunter ist etwa eine Feier für den Dionysoskult. Zu sehen sind auch erotische Darstellungen – allerdings muß man den Wächtern einen Obulus zukommen lassen, damit sie die Pforten öffnen, hinter denen diese Kunstwerke verschlossen sind. Daß die alten Römer sexuell sehr freizügig waren, wird spätestens beim Betrachten eines Mannes mit einem riesigen Penis in einem ganz gewöhnlichen Wohnhaus klar: Der Mann und sein enormes Geschlechtsteil sollten – andere Zeiten, andere Sitten – böse Geister abwehren und sie vom Betreten der Villa abhalten.

Palinuro ist ein solches verträumtes Örtchen: Sein Name leitet sich von jenem Mann her, der ein Ruderer des sagenhaften Helden Äneas gewesen und der Legende zufolge an diesen Gestaden gestorben sein soll. Hinter Marina di Camerota

Unter den zahllosen kleinen Buchten an der Küste Kalabriens gibt es noch manchen Geheimtip (oben). – Ein mächtiges Heiligtum: Der griechische Poseidontempel blickt bei Paestum seit Jahrtausenden über das Meer (unten und rechts oben).

Inseln des Windes

Die Äolischen (auch: Liparischen) Inseln sind nach Aeolus benannt, dem Gott des Windes – und so sollte man sich nicht zu sehr darüber wundern, daß es dort recht windig werden kann. Die Inselgruppe ist vulkanischen Ursprungs; am bekanntesten ist Stromboli, eine Insel, die eigentlich nur aus dem noch aktiven gleichnamigen Vulkan besteht. Es ist sehr reizvoll, in einem der Hotels am Fuß des Vulkans zu übernachten und abends einen geführten Aufstieg zum Kraterrand zu unternehmen. Ebenfalls sehr zu empfehlen ist ein Besuch auf Vulcano; hier soll den alten Griechen zufolge der Gott des Feuers gewohnt haben: Die Insel ist zerklüftet, und aus unzähligen Erdspalten schießen heiße Dämpfe in die Höhe. Lipari ist die größte Insel und hat wunderschöne Panoramen und Badeorte zu bieten; wer mit dem Wagen übergesetzt hat, sollte eine Inselrundfahrt machen. Am Strand aber kann man sogar fliegende Fische beobachten: Sie gehören wie die Wasserschildkröten und Seepferdchen zur reichen Meeresfauna der Äolischen Inseln.

steigt die Straße steil bis auf 400 Meter Meereshöhe an; von dort oben hat man ein Panorama auf den Golf von Policastro, das unbeschreiblich schön ist.

Ab *Policastro* schlängelt sich die Küstenstraße über Sapri am Meer entlang, vorbei an Badeorten (zumeist griechischen Gründungen) mit uralter Geschichte bis zum 300 Meter hoch gelegenen *Marina di Maratea* mit seinem halbverfallenen alten Stadtkern. Zur Linken erheben sich Berge bis zu einer Höhe von fast 2000 Metern, während rechter Hand Badebuchten und kleine romantische Orte locken. Die Berge gehören großteils zum Parco Nazionale del Pollino, einem Naturschutzgebiet, das aus menschenleeren Tälern, Bergen,

Cosenza mit seinem alten Dom (oben) ist nur einer der zahlreichen Höhepunkte auf der Fahrt durch Kalabriens Küstenlandschaft. – Kleine Orte wie Pizzo (unten) vermitteln schläfrige Gelassenheit und unaufdringlichen Charme.

dichten Wäldern und tiefer Ruhe besteht. Die Ortschaften in den Bergen, darunter Orsomarso und Verbicaro, werden in der Hauptsache von älteren und verschlossenen Menschen bewohnt.

Heilige, Päpste, Mafiosi. Ganz anders die Küste: *Diamante* reckt sich auf einem Felsen dem Tyrrhenischen Meer entgegen und ist mit seiner Altstadt einen Besuch wert. Ebenso pittoresk zeigt sich das weiter südlich liegende *Paola*, das dank dem heiligen Franz von Paolo ein bekannter Pilgerort Süditaliens ist. Die ihm gestiftete Kirche verfügt über eine großartige Barockfassade und feuchte Keller, in denen der Heilige angeblich Wunder gewirkt haben soll; die Wände sind deshalb bedeckt mit Hunderten von Votivtafeln dankbarer Pilger.

Von Paola ist es nicht weit nach *Cosenza* im Landesinnern, einer wegen mafioser Politiker berühmt-berüchtigten Stadt. Im Flußbett des Busento, der die Alt- von der Neustadt trennt, soll der Westgotenkönig Alarich I. nach der Plünderung Roms im Jahre 410 mit einem sagenhaften Schatz bestattet worden sein – wo, hat bis heute niemand in Erfahrung bringen können. Cosenza ist jedenfalls ein idealer Ausgangspunkt für einen Ausflug in eine der schönsten und landschaftlich beeindruckendsten Berglandschaften Europas: das Sila-Massiv mit der gleichnamigen Hochebene. Ganze Wälder bestehen hier aus bis zu 40 Meter hohen Fichten; Papst Gregor der Große ließ im frühen Mittelalter Tausende von Bäumen schlagen und für seine Bauprojekte nach Rom transportieren. Ein Teil der Sila, die sogenannte Sila Greca (die »griechische Sila«), wird seit der späten Antike bis heute von orthodoxen Mönchen bewohnt. Man sollte sich nicht abschrecken lassen durch die Behauptungen einiger Reisführer, die Sila werde von skrupellosen Schafhirten bevölkert, die sich mit der Entführung

In Kalabrien scheint die Zeit stehengeblieben zu sein: Für die Bauern ist der Esel nach wie vor als Transportmittel von großer Bedeutung.

Elegante Lässigkeit: einer der beiden »Krieger von Riace«.

Im Hinterland des Golfs von Policastro hat sich das Dörfchen Rivello (Mitte oben) an die Hügel angepaßt. – Jenseits der Straße von Messina, einen »Katzensprung« entfernt: Sizilien (rechts oben).

unschuldiger Touristen ein kleines Zubrot verdienen: Wenn man nicht gerade ein international bekannter Firmenboß oder Multimillionär ist, wird einem hundertprozentig niemand ein Haar krümmen.
Weiter geht es, ans Tyrrhenische Meer zurück und über Amantea und Pizzo nach *Tropea*, einem der schönsten Badeorte in Kalabrien. Dieses Städtchen erhebt sich an einer herrlichen Steilküste; bekannt ist es nicht nur wegen seiner normannischen Kathedrale, sondern auch wegen der hier angebauten, wohlschmeckenden süßen Zwiebeln, den »cipolle di Tropea«.
Bei *Reggio di Calabria* erreicht man endlich die Stiefelspitze, den südlichsten Teil des italienischen Festlands. Schon von Scilla aus, wo das gleichnamige Seeungeheuer aus Homers Epos Odysseus ins Verhängnis zu stürzen versuchte – »Kollegin« Charybdis agierte ihrerseits vom sizilianischen Ufer aus –, ist Italiens größte Insel zum Greifen nahe: Sizilien.
Ob Reggio di Calabria eine schöne Stadt ist, läßt sich nicht eindeutig beantworten. Für den italienischen Schriftsteller und Frauenschwarm Gabriele D'Annunzio etwa, der kurz nach der Jahrhundertwende hier einigen Affären frönte, war die Stadt am Meer »eine der schönsten Italiens«; vor allem die Seepromenade, die damals wie heute dicke Palmen säumten, hatte es ihm angetan. In Reggio wurde auch der mittlerweile verstorbene Modegott Gianni Versace als Sohn einer Schneiderin geboren; sobald er volljährig war, floh er mit seinen Geschwistern nach Mailand, wo er sein Modeimperium gründete.

Stolze Unnahbarkeit drückt die trutzige Wallfahrtskirche von Santa Maria dell'Isola bei Tropea aus (oben). – Hinter dem Capo Vaticano (links unten) beginnt die unendliche blaue Weite, die ihr jenseitiges Ufer erst wieder bei Sardinien findet.

Von Reggio aus kann man nach Messina übersetzen; zuvor sollte man jedoch unbedingt zwei der schönsten sowie besterhaltenen Skulpturen der Antike im Museo Nazionale einen Besuch abstatten: jenen beiden riesigen Bronzestatuen, die man 1972 aus dem Meer vor Reggio barg und heute »Krieger von Riace« nennt. Auch jetzt noch werden hier Skulpturen, Münzen, Vasen und andere Pretiosen aus dem Meer geholt, denn in der Antike stellte die nicht ganz ungefährliche Meerenge die wichtigste Verbindung zwischen Rom und Kleinasien dar. In den Stürmen, die hier tobten, gingen Tausende Schiffe mit ihrer Ladung unter, und man vermutet, daß auf dem Meeresgrund noch mancher antike Schatz ruht; den italienischen Behörden aber fehlt das Geld zur Bergung.

Keine Spur von »Teutonengrill«: In Kampanien und Kalabrien finden sich Strände, die man nur mit einer Handvoll Gleichgesinnter teilt.

Planen und erleben ...

Nasser Spaß bei Marina Piccola auf Capri.

↓	ENTFERNUNGEN	↑
km	**Neapel**	685
	45 km	
45	**Sorrent**	640
	23 km	
68	**Positano**	617
	22 km	
90	**Ravello**	595
	20 km	
110	**Salerno**	575
	37 km	
147	**Paestum**	538
	84 km	
231	**Palinuro**	454
	37 km	
268	**Policastro**	417
	90 km	
358	**Diamante**	327
	42 km	
400	**Paola**	285
	40 km	
440	**Cosenza**	245
	92 km	
532	**Pizzo**	153
	153 km	
685	**Reggio di Calabria**	km

Die Highlights

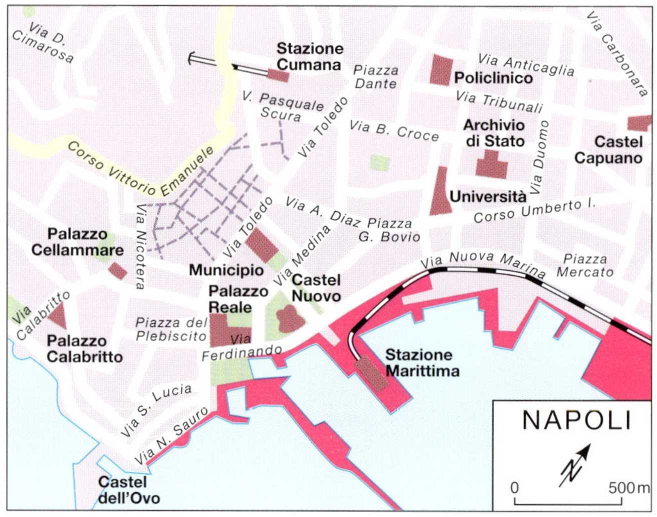

NEAPEL

Neapel ist sicherlich Italiens faszinierendste Stadt: voll von großer Kunst und voll von Camorra-Clans, die ganze Stadtteile fest in ihrer Hand haben. Man sollte ohne Taschen und Kameras auf Erkundungstour gehen und nachts das Altstadtquartier Spaccanapoli meiden – und auf besonders schnell fahrende Mopeds achten, denn so manchem arglosen Besucher wurde in Sekundenschnelle die

Der Farnes-Herkules mit Keule im Nationalmuseum von Neapel.

Tasche entrissen. Ein Besuch empfiehlt sich im Archäologischen Nationalmuseum, im Palazzo Reale und in der Galleria Nazionale di Capodimonte: Sie gehören zu den reichsten Museen der Welt. Wunderschön ist auch die Kartause San Martino mit ihrem Kreuzgang und dem Krippenmuseum. Einen Neapelaufenthalt krönt man mit einem Opernabend im Teatro San Carlo, das zu den besten Musiktheatern Europas zählt.

VESUV – POMPEJI – HERCULANEUM

Noch heute bedroht der rauchende Vulkan Neapel und das Umland. Bei der Besichtigung von Pompeji und Herculaneum bekommt man eine sehr genaue Vorstellung davon, wie eine Stadt in der Antike aussah. In Pompeji sollte man den Wärtern kleine Trinkgelder geben, um die anzüglichen Wandfresken hinter den sonst verschlossenen Türen sehen zu können. Auf keinen Fall darf man etwas »mitnehmen«: Bereits ein einziger eingesteckter Mosaikstein kann einen teuer zu stehen kommen. Im Sommer sollte man Getränke dabeihaben, denn dann kann es hier sehr heiß werden.

Friedlicher Moloch: Blick auf Neapel von der Kartause San Martino aus.

SORRENT – CAPRI

Sorrent ist der Hauptort einer weiten Bucht, deren Uferstraßen von Zitronenbäumen und Gärten gesäumt werden. Viele Grandhotels der Jahrhundertwende locken hier mit ihrem leicht heruntergekommenen Charme Reisende aus aller Welt an. Von Sorrent kann man nach Capri übersetzen; doch von der

Mittelmeerträume: Sorrent ist zu Recht ein klassischer Urlaubsort.

großen Vergangenheit dieser Insel, auf der in den fünfziger und sechziger Jahren der Jet-set aus den USA und Europa verkehrte, ist heute nicht mehr viel übriggeblieben. Die Insel ist zwar nach wie vor wunderschön, leider aber im Sommer tagsüber heillos von Ausflüglern überlaufen. Wer jedoch über Nacht bleibt, wird spätabends und frühmorgens Capri erleben, wie es sein muß: angenehm ruhig, romantisch und mit traumhaften Aussichtspunkten.

Hinter der Kapspitze von Agliastro Marina lockt die Weite des Mittelmeers.

AMALFI

Die Küste von Amalfi ist wegen ihrer an steilen Bergwänden gelegenen Ortschaften – darunter das noch heute wunderschöne Ravello, wo Richard Wagner lebte und komponierte – einer der faszinierendsten Küstenabschnitte Italiens. Vorsicht ist allerdings beim Autofahren geboten: Die Einheimischen nehmen die vielen Kurven wie die Rennfahrer. Man sollte nicht auf die Idee kommen, es ihnen gleichzutun! Besonders reizvoll ist Positano, wo der deutsche Schriftsteller Alfred Andersch lebte und Bundeskanzler Schröder Sommerferien machte. Der Ort steigt steil den Berg hinan und bietet schöne Ausblicke auf das Meer und die Küste.

Die amalfitanische Küste ist bei Positano wohl am schönsten.

PAESTUM

Das archäologische Ausgrabungsgebiet von Paestum ist eines der größten Italiens und wartet mit zwei der besterhaltenen Tempel des antiken Griechenland auf – darunter der sogenannte Poseidontempel, der aus 50 dorischen Säulen besteht und dessen Gebälk noch fast vollständig erhalten ist. Die Ruinen der Stadt, die sich in der Nähe der Tempel befand, vermitteln einen guten Eindruck von einer typischen altgriechischen Ortschaft in Italien.

KALABRIEN

Wenn man die Küste Kalabriens in Richtung Reggio di Calabria abfährt, sollte man es nicht versäumen, auch in den kleinen Ortschaften anzuhalten, den Fischern zuzusehen und frische Meeresfrüchte in den lokalen Trattorien zu essen. Aber auch Ausflüge ins Landesinnere versprechen Reizvolles: Hier lassen sich noch Dörfer entdecken, in denen Fremde wie das achte Weltwunder bestaunt werden und es keine touristischen Infrastrukturen gibt, dafür aber Süditalien in Reinkultur.

Tips für unterwegs

Kalabrien bedeutet nicht nur wirtschaftliche Unterentwicklung, Mafia und Arbeitslosigkeit, sondern auch herrliche Strände, Badebuchten und gewaltige Gebirgszüge mit Nationalparks; sie schützen eine Natur, die eher an die Alpen und nicht an Süditalien denken läßt. In diesem Landstrich muß man stets wachsam und vorsichtig sein: Auch wenn Reisende relativ unbehelligt Ferien machen können, kommt es doch immer wieder zu Diebstählen. In Cosenza ist es besser, den Wagen auf einem bewachten Parkplatz unterzubringen; das gleiche gilt auch für Reggio di Calabria, die Hochburg der kalabresischen Kleinkriminalität. Außerdem sollte man, wie auch auf Sizilien, nächtliches Anhalten bei vermeintlich Hilfesuchenden vermeiden: Es könnte ein übler Trick sein. Die Autobahn am Meer entlang ist ausgezeichnet, Landstraßen lassen jedoch sehr zu wünschen übrig. In Reggio lohnt ein Besuch im Antikenmuseum: Zwischen all den anderen Altertümern stechen besonders die vor einigen Jahren vor der Küste im Meer gefundenen, überlebensgroßen Bronzeskulpturen von zwei antiken Helden (siehe S. 150) hervor.

Kalabresische Metropole und Hochburg der Taschendiebe: Reggio di Calabria.

SOUVENIRS

Typisch für Kalabrien ist die Bergamotte: Aus dieser Frucht werden Duftwässer und Liköre hergestellt. An der Küste von Sorrent und Amalfi gibt es den »Limoncello«, einen süßen Likör aus Zitronen – aber kaufen Sie ihn nur, wenn er keine Farbstoffe enthält. Die Weine Kalabriens, so der »Greco di Gerace« und der »Cirò«, sind ausgezeichnet. Ebenso gut sind kampanische Weine, darunter der berühmte »Lacrima Christi« – die Träne Christi – von den Hängen des Vesuv. Wer Korallen mag, der kann im Golf von Neapel Korallenschmuck jeder Art finden. Und in Neapel selbst gibt es alles für die Weihnachtskrippe.

Ultimative Urlaubsphantasie: vor der Steilküste von Capri zu kreuzen.

Das Blut des heiligen Gennaro

Wer um den 19. September oder den 16. Dezember herum nach Neapel kommt, sollte sich unter gar keinen Umständen das Spektakel um die »Verflüssigung« des Blutes von San Gennaro entgehen lassen. Gennaro gehörte zu den frühen Christen und starb am 19. September 305 in Neapel den Märtyrertod; sein Blut aber wurde von seinen Anhängern in zwei Ampullen aufgefangen und ist heute in der Cappella del Tesoro di San Gennaro (»Kapelle des Schatzes von San Gennaro«) in Neapel aufbewahrt; dabei handelt es sich nach wie vor um die wichtigste Reliquie der kampanischen Metropole. Das Besondere daran ist, daß sich jedes Jahr zweimal – und das immer pünktlich am Todes- und am Namenstag des Heiligen – das eingetrocknete, pulverisierte Blut in der Ampulle auf wundersame Weise verflüssigt. Das »Wunder« vollzieht sich in der Kathedrale von Neapel und wird immer – da der Zeitpunkt ja im voraus bekannt ist – von einer großen Menge Gläubiger mitverfolgt. Deren Glaube geht so weit, daß sie die jüngsten Ergebnisse eines wissenschaftlichen Gutachtens, wonach das »Blut« gar keines ist, einfach ignorieren.

Wenn Steine sprechen könnten: Der Tempelkomplex von Selinunt hat 2500 Jahre der wechselvollen Geschichte Siziliens erlebt.

Durch Sizilien und Sardinien

ROUTE 8

Vom sizilianischen Messina über Syrakus und Enna nach Palermo und vom sardischen Cagliari via Oristano nach Olbia: Die beiden größten Inseln Italiens praktizieren geschwisterliche Aufgabenteilung: Sizilien hat viel Kultur – Sardinien viel Natur.

Die ungleichen Schwestern

Seit der Antike ist Sizilien Kulturland: Es stand immer wieder im Mittelpunkt des politischen Interesses und herrscherlicher Machtansprüche; beeindruckende Tempel und Burgen legen Zeugnis davon ab. Sardinien hingegen wurde von der großen Weltgeschichte lediglich gestreift und wartet heute weniger mit unvergleichlichen Kulturdenkmälern auf als mit malerischen Küstenabschnitten und faszinierenden Landschaften.

Sizilien ist nicht nur Italiens größte Insel, es ist auch eine Welt für sich – eine Welt aus verschiedenen Kulturen, die hier eine faszinierende Symbiose eingegangen sind. Die Insel wurde von allen großen Zivilisationen erobert, die seit der Antike im Mittelmeer herrschten, und jede hinterließ hier Monumente, die zu den schönsten ihrer Art zählen. Wer von Reggio di Calabria mit der Fähre nach *Messina* übersetzt, wird zunächst etwas enttäuscht sein: Daß diese Großstadt 1908 durch ein verheerendes Erdbeben und eine Springflut fast völlig zerstört wurde, ist unübersehbar; von der Schönheit der etwa um 700 v. Chr. gegründeten Stadt ist so gut wie nichts übriggeblieben. Lohnenswert ist hingegen ein Abstecher auf die *Isole Eolie*, die Äolischen (auch Liparischen) Inseln; früher glaubte man, daß hier der Gott der Winde, Aeolus, lebe. Die Inseln sind vulkanisch und haben ihren urtümlichen Charakter nicht verloren; besonders schön sind Vulcano und Stromboli: Bei gutem Wetter sieht man von Stromboli bis zur Küste Kalabriens.

Kulturmix: Sizilien ist im Lauf der Jahrtausende ebenso mit nordeuropäischen wie mit orientalischen Kulturen in Berührung gekommen.

Rund um den Ätna. Das auf einer etwa 250 Meter hoch gelegenen Terrasse über der Küste thronende *Taormina* wurde bereits von Goethe besucht; seit Ende des letzten Jahrhunderts wird das Städtchen von Touristen frequentiert. Daher finden sich hier elegante Geschäfte, herrschaftliche Grandhotels, Terrassen und ein wunderbares Amphitheater.
Lohnenswert ist eine Rundfahrt um den 3323 Meter hohen *Ätna*, dessen Kegel vor einigen Jahren zum Naturschutzpark erklärt wurde. Bei *Linguaglossa* kann man bis auf 1741 Meter hinauffahren; den beschwerlichen Fußweg zum Kraterrand sollte man aber nur in Begleitung eines erfahrenen Führers zurücklegen – für die Anstrengung entschädigt die atemberaubende Aussicht, die sich von oben bietet. Die Rundfahrt um den Ätna führt durch fruchtbare Obst- und Weinplantagen und passiert Randazzo, Bronte und Adrano; von dort geht es wieder abwärts, Richtung Catania. Reizvoll ist alternativ eine Fahrt von Taormina am östlichen Rand des Ätna entlang, über Linguaglossa nach Milo und Zafferana Etna, wo der Boden zum Teil aus Lavaresten besteht, auf denen Wein und Obstbäume gut wachsen.
Catania wurde 1693 durch ein schweres Erdbeben zerstört; damals machte man sich sogleich an den Wiederaufbau und schuf eine der schönsten Barockstädte Italiens. Da es in Catania im Sommer besonders heiß wird, sei eine Besichtigung des »centro storico« am frühen Morgen oder aber am Abend empfohlen.

Griechische Kolonialgründungen. Nahe bei Catania liegt an einer Bucht eine weitere Großstadt: *Syrakus*. Die zuerst auf der kleinen Insel Ortygia vor der Küste gegründete Siedlung gelangte unter

Barocke Majestät: Zum Dom von Modica führt eine breite Treppe empor, die dem Ensemble einen zeremoniellen und repräsentativen Charakter verleiht.

Fisch gehört zu den natürlichen Reichtümern der italienischen Inseln.

»Wir sahen das ganze, große, schöne, herrliche Eiland unter uns, vor uns liegen… Alles, was um den Berg herum liegt, das ganze Tal Enna, bis nach Palagonia und Lentini, mit allen Städten und Flecken und Flüssen, war wie in magischen Duft gewebt.«

Johann Gottfried Seume,
Mit Engländern auf dem Ätna, 1802

Exklusives Ferienparadies: An der sardischen Costa Smeralda tummelt sich die mitteleuropäische High-Society.

Aber auch unberührte Strände lassen sich hier noch finden.

den griechischen Tyrannen zu großer Blüte; hier lebten auch die Dichter Äschylus und Pindar sowie der Mathematiker Archimedes. In Syrakus findet sich eines der größten antiken Theater; zu faszinieren vermag aber vor allem das »Ohr des Dionysos«: In dieser Höhle im antiken Steinbruch der Stadt hielt der Tyrann Dionysos seine Feinde gefangen; die Form der Höhle erlaubte es ihm, dem Geflüster der Häftlinge zu lauschen. In der »città vecchia«, der Altstadt, gilt der griechische Athenatempel, der zum Dom umgebaut wurde, als größte Attraktion.

Von *Noto* wird man aufs neue in den Bann geschlagen: Wie in Catania zerstörte das Erdbeben von 1693 auch diese Gründung der Sikuler, und auch hier schuf man eine neue Stadt. Noto besteht heute fast ausschließlich aus barocken Gebäuden mit ungewöhnlichem Formenreichtum.

Drüben liegt Korsika: am sardischen Capo Testa.

Durch die Mitte Siziliens. Weiter geht es landeinwärts nach *Modica*, einer kleinen Stadt auf einem Hügel. Auch hier wieder ein Barockjuwel – die Fassade der Kirche San Giorgio wirkt wie eine Theaterkulisse. Das benachbarte *Ragusa* wurde ebenfalls nach 1693 wieder aufgebaut; von der Altstadt Ragusa Ibla – einem Gewirr aus barocken Straßen und Gassen – blickt man in eine stark zerfurchte Landschaft mit tiefen Schluchten.

Das Innere Siziliens fasziniert durch verschlossen wirkende Orte und weite Fel-

der, die sich mit zum Teil baumlosen Hügeln abwechseln – ein geheimnisvolles, weites Land. In *Caltagirone* dreht sich alles um das alte Keramikhandwerk: Im 17. Jahrhundert verzierte man die 142 Treppenstufen vor der Kirche Santa Maria del Monte mit Majolikaplatten.
Wie gut reiche Römer in der Antike auf Sizilien lebten, kann man in *Piazza Armerina* bestaunen: Die Mosaiken der Villa Romana del Casale aus dem 3. Jahrhundert n. Chr. gehören zu den schönsten und größten der antiken Welt. Daß die Römer auch in der innovativ waren, zeigt ein Mosaik mit ballspielenden Römerinnen: Die Damen tragen Bikinis (siehe S. 161).

Die Mitte Siziliens findet man in *Enna*, das sich vom arabischen Quasr Yanna ableitet: Enna war einmal Hauptstadt eines Emirats. Die abweisend wirkende Stadt liegt 942 Meter hoch; vom benachbarten Hügel grüßt *Caltanissetta*, wo im 19. Jahrhundert Schwefel abgebaut wurde.
Das berühmte *Agrigent* mit seinem Tempelkomplex befindet sich wieder fast am Meer; will man dem Dichter Pindar Glauben schenken, so war das antike Akragas damals die schönste Stadt von Großgriechenland. Ein weiterer kultureller Höhepunkt ist *Selinunt*, ein griechischer Ort aus dem 7. Jahrhundert v. Chr. mit einem gut erhaltenen klassischen Tempel.

Messina in Sicht: die Fähre von Reggio di Calabria (oben). Taormina ist seit Goethe ein deutscher Urlaubstraum (links).

Spuren des Mittelalters: Säulenkapitell im Kreuzgang von Monreale bei Palermo (unten). – Domplatz in Badia di Sant'Anata (ganz unten).

Ragusa (rechts Mitte) thront auf einem Hügel im sizilianischen Hinterland. Kulinarische Spezialitäten auf einem Markt in Palermo (unten).

Das Erbe der Griechen: Relikte des Dioskurentempels in Agrigent (oben). – Der Kreuzgang des Doms von Monreale ist von sarazenischen Einflüsse geprägt (rechts unten).

Heimat des Marsala. Die Straße führt nach *Marsala*, dem arabischen Marsa Ali (»Hafen Alis«); im 18. Jahrhundert kam der hier hergestellte Marsala in Mitteleuropa in Mode, und so entstand ein bis heute florierender Wirtschaftszweig. Bald hinter Marsala erreicht man *Trapani*. Vor der Stadt, die die Wallfahrtskirche Santuario dell'Annunziata aus dem 14. Jahrhundert und ein barockes Zentrum vorweisen kann, liegt eine Saline – eines der wichtigsten Vogelschutzgebiete Südeuropas. Dank des World Wide Fund for Nature legen hier nach langen Jahren der Bejagung selten gewordene Zugvögel wieder Rast ein, bevor sie weiterziehen; ganz besonders gut lassen sich die Tiere mit dem Fernglas am Abend beobachten.
Von Trapani aus sollte man mit der Fähre einen Ausflug auf die Insel *Pantelleria* unternehmen, die nur 84 Kilometer vom

Bademoden vor 1700 Jahren: die »Bikini-Mädchen« aus der römischen Villa von Piazza Armerina (oben). – Ein üppig geschmückter Fiat Cinquecento (unten).

Auch dieses Gefährt ist wunderschön bemalt: Seit Jahrzehnten sind die traditionellen Pferdekarren in Monreale eine Touristenattraktion.

tunesischen Kap Bon entfernt ist; die Rundfahrt über die Insel führt durch eine sehr abwechslungsreiche Landschaft. Unweit von Trapani stand auf der Spitze eines Berges einmal ein Heiligtum der Aphrodite: Dort, wo man die Liebesgöttin verehrte, gründeten die Normannen im 12. Jahrhundert die Ortschaft *Erice.*

Kunstsinnige Kapitale. Bevor es nach Palermo, der Hauptstadt Siziliens und der Cosa Nostra, geht, sollte man den griechischen Tempel von *Segesta* besichtigen: Er steht einsam in bergiger Landschaft. Ein weiteres Muß ist *Monreale* kurz vor Palermo, das um eine Benediktinerabtei herum entstanden ist, welche Normannenherrscher Wilhelm II. im 12. Jahrhundert erbauen ließ; die Mosaiken in der Kirche und der Kreuzgang sind prächtig. *Palermo* liegt unterhalb des Monte Pellegrino, auf dem sich die Kapelle der Stadtheiligen Rosalia erhebt. Von hier oben bietet sich ein schöner Blick auf das Meer und die moderne Stadt, die sich wie eine Krebsgeschwulst in die Landschaft gefressen hat. Von der von Goethe bejubelten Schönheit Palermos ist nicht mehr viel übrig; doch auch Dekadenz hat ihren Zauber. Auf seine Wertsachen sollte man übrigens gut aufpassen: Obwohl die Stadt Palermo seit ein paar Jahren einiges für

Fortsetzung Seite 166

Skulpturen, die Wind und Sand geschaffen haben: der berühmte »Bär« an der Costa Smeralda.

Zeugen einer geheimnisvollen Vergangenheit: Modernen Architekten nötigen die sardischen Nuraghen Respekt ab, da sie mit einfachsten Mitteln und Techniken erbaut wurden. Oben: im Gennargentu-Gebirge; darunter: Brunnentempel in Santa Cristina; großes Bild rechts: Palmavera.

Sardische Rätsel

Auf Sardinien, das schon seit der menschlichen Frühzeit bevölkert war, lebte ein Volk, dessen Name bis heute unbekannt blieb. Man weiß nichts von seiner Sprache, seinem Alltag und seinen Menschen; den Relikten dieses rätselhaften Volkes – jenen kegelförmigen Bauten aus kunstfertig aufeinandergeschichteten Steinen, für die kein Mörtel benutzt wurde – hat man den Namen »nuraghe« (nach dem Hauptfundort Su Nuraxi) gegeben. Es gibt heute auf Sardinien etwa 7000 dieser ungewöhnlichen Konstruktionen, die so perfekt errichtet wurden, daß sie noch heute genau so in der Landschaft stehen wie vor ungefähr 3000 Jahren. Wozu die Nuraghen – man betritt sie durch niedrige Türen mit eindrucksvollen Türstürzen – dienten, ist ungeklärt: Die einen behaupten, daß es sich um Schlechtwetterunterkünfte handelte, andere meinen, daß sie als Schutz gegen Feinde dienten oder als Wohnhäuser. Zwischen Porto Torres und Barumini befindet sich das Hauptgebiet der Nuraghen: Nirgendwo sonst auf der Insel lassen sich so viele dieser Bauten finden wie hier.

Von den Nuraghen unterscheiden sich die »tombe dei giganti«: Das sind riesige Gräber, ähnlich den nordeuropäischen Hünengräbern, in denen – davon sind die Archäologen überzeugt – besonders hohe Familien beigesetzt wurden. Von diesen Gräbern existieren immer noch etwa 500 auf ganz Sardinien; zu erkennen sind sie an den Steinen, die in einem Halbrund aufgestellt worden sind, und einer Grabkammer, die durch einen Gang zu betreten ist, der beidseitig mit dolmenartigen Steinen ausgestattet ist.

Die Archäologen glauben nunmehr mit Bestimmtheit sagen zu können, daß die Kultur der sardischen Nuraghen von anderen Kulturen Westeuropas beeinflußt worden ist und nicht, wie man früher annahm, vom Osten, den Griechen also. Diese Hypothese stützt sich auf die Art und Weise, wie die Nuraghen errichtet worden sind,

Gräber der Riesen: die »tombe dei giganti« (oben). – Kunstvolle Konstruktion: Nuraghe Losa (darunter).

denn ihre Bauweise ähnelt der anderer megalithischer Kulturen in Westeuropa: Dolmen, Gräber mit langen Korridoren, einzeln stehende Menhire, aus aufgerichteten Steinen gebildete Kreise und Alleen von Menhiren finden sich auch in Norditalien, in Frankreich und Deutschland.

Besonders interessant sind die Ausgrabungen ganzer »Ortschaften«, die aus Nuraghen und Hünengräbern bestehen. Ein besonders schönes Beispiel einer solchen Ortschaft ist das »villaggio nuraghico di Su Nuraxi« nahe Barumini in der Provinz Cagliari. Die Ausgrabungen von Su Nuraxi gehören zu den wichtigsten und eindrucksvollsten ganz Sardiniens. Zu sehen sind die Reste von zahlreichen trichterförmigen Bauten, die eng beieinander stehen und zwischen 1500 und 900 v. Chr. errichtet worden sein dürften. Mitten in diesem

Labyrinth sind die Überreste einer Art Festung mit vier Türmen zu erkennen. Wie das Volk der Nuraghen unterging, ist nicht bekannt. Sicher ist nur, daß schon früh die Phönizier und Karthager, hochentwickelte Völker des südlichen Mittelmeerraums, nach Sardinien kamen – Völker, so ist zu vermuten, die der Nuraghen-Kultur ein rasches Ende bereiteten.

Die griechischen Tempel Siziliens

Die Griechen haben auch auf Sizilien eindrucksvolle Zeugnisse ihrer Kultur und Baukunst hinterlassen: Am berühmtesten sind die hervorragend erhaltenen Tempelkomplexe von Agrigent, Selinunt und Segesta. Oft errichteten die Griechen ihre Heiligtümer exponiert auf einer Hügelkuppe, damit sie schon von weitem gut zu erkennen waren; so etwa die sechs Tempel von Agrigent, die auf die 581 v. Chr. gegründete Stadt Akragas zurückgehen. Noch älter ist Selinunt, dessen Akropolis ebenfalls mehrere Tempel und Heiligtümer umfaßt; dort gab es seit etwa 650 v. Chr. eine griechische Kolonie. Der dorische Tempel von Segesta aus dem 5. Jahrhundert v. Chr. hingegen steht in seiner wuchtigen Masse allein auf unbewohntem Terrain. Alle drei Orte sind typische Beispiele für den griechischen Tempelbau auf »barbarischem« Gebiet.

Träume von ungetrübten Badefreuden und jeder Art von Wassersport werden an den Gestaden von Sizilien und Sardinien Wirklichkeit (unten).

Aus der Rinde der Korkeiche gewinnt man den luftigen Dämmstoff (Mitte). – Marktszene in Alghero (rechts).

die Sicherheit getan hat, sind Mafia und Diebesbanden immer noch präsent. Palermo wirkt heute wie eine Mischung aus nordafrikanischer und südeuropäischer Stadt, und man weiß nicht genau, ob man bleiben oder so schnell wie möglich wieder abreisen soll. Doch die Stadt hat auch viele Schätze zu bieten – etwa die Kathedrale: Hier liegt ein Deutscher begraben, Stauferkaiser Friedrich II., der es vorzog, in Süditalien, vor allem auf Sizilien, zu leben. Sein Skelett ruht in einem Porphyrsarg. Besuchen sollte man auch den Palazzo dei Normanni, einen riesigen Palast, der von den Normannen auf den Resten einer Sarazenenfestung errichtet wurde. Hier befindet sich die Cappella Palatina: Sie ist mit Mosaiken dekoriert und gilt als eines der bedeutendsten Kunstdenkmäler des normannischen Sizilien.

Sardische Impressionen. Wer mit dem Wagen nicht über Kalabrien nach Norditalien zurückfahren will, sollte in Palermo das Schiff nehmen – und zwar nach

Sardinien, der klassischen Sommerinsel. *Sardinien* ist Italiens zweitgrößte Insel und wie Sizilien schon seit Menschengedenken besiedelt. Die rätselhaften »Nuraghen« – prähistorische, aus Steinblöcken ohne Mörtel errichtete Rundbauten, rund 7000 auf der ganzen Insel – zeugen von einer uralten, noch immer kaum erforschten Kultur. Sardinien ist landschaftlich sehr vielseitig: Schluchten und Berge sowie Sand- und Felsstrände an der Küste garantieren einen perfekten Urlaub.

Der Elefantenturm von 1307 wacht über den Hafen von Cagliari (oben). – Ab den sechziger Jahren wurde die traumhafte und luxuriöse Smaragdküste (links) als Urlaubsregion am Reißbrett entworfen und planmäßig für den Tourismus erschlossen.

Die Santissima Trinità di Saccargia bei Sassari zeigt schönste pisanische Steinmetzkunst aus dem 12. Jahrhundert.

Man verläßt das Schiff in *Cagliari*, der Inselhauptstadt; beim Gang durch die Altstadt fühlt man sich durch die Farben der Häuser an Nordafrika erinnert. Empfohlen sei ein Abstecher auf die andere Seite des Kap Carbonara, nach *Muravera*: Die Straße dorthin passiert viele romantische Schluchten. Dann geht es von Cagliari aus zur Insel *Sant'Antioco* an der Südwestküste und weiter durch die Berge, vorbei an Iglesias, zu den endlosen Stränden bei *Oristano*. Hier herrschte im 14. Jahrhundert Eleonora von Arborea: Sie forderte die Autonomie für Sardinien – und die Gleichberechtigung für Frauen.

Nuraghen, Neptun und Natur. Von dem fast 600 Meter hoch gelegenen *Macomer* aus hat man einen grandiosen Ausblick auf die Hochebenen von Abbasanta und Barbagia Richtung Südosten. Wenige Kilometer vor Sassari steht ganz einsam die nächste Sehenswürdigkeit – die Chiesa della Santissima Trinità di Saccargia aus dem 12. Jahrhundert, ein Bauwerk im Stil der Pisaner, die damals über Sardinien herrschten. In *Sassari* reizt hingegen die Altstadt im katalanischen Stil.

Auf dem Weg nach Alghero ist in *Palmavera* eine der prächtigsten Nuraghen Sardiniens zu besichtigen. Am Meer liegt *Alghero* mit seiner hübschen Altstadt und seiner Festung; an der Spitze der benachbarten Halbinsel lockt die Neptunsgrotte mit herrlichem Ausblick auf die Küste. Ein Höhepunkt der sardischen Baukunst ist in *Porto Torres*, dem Hafen von Sassari, zu finden: Die Chiesa di San Gavino ist ein romanisches Juwel und die größte Kirche Sardiniens; sie birgt eine schöne Krypta mit einem römischen Sarkophag. Im Norden, in der Gallura, bezaubern wilde Küstenabschnitte mit Kaps aus Granit, Wäldern und verschwiegenen Buchten. Die nahe *Costa Smeralda* ist die beliebteste Ferienregion Sardiniens; hier kann man sich richtig erholen. Um so schwerer fällt die Heimkehr mit der Fähre ab Olbia – es ist ein Abschied von einem Sonnenparadies unvergleichlicher Schönheit.

Planen und erleben …

Die Griechen haben in einer Welle von Kolonisierungen Sizilien den Stempel ihrer Kultur aufgedrückt.

↓ km	Entfernungen	↑
km	**Messina**	712
	50 km	
50	**Taormina**	662
	185 km	
235	**Ragusa**	477
	210 km	
445	**Agrigent**	267
	267km	
712	**Palermo**	km
	Fähre	
km	**Cagliari**	405
	100 km	
100	**Oristano**	305
	140 km	
240	**Porto Torres**	165
	165 km	
405	**Olbia**	km

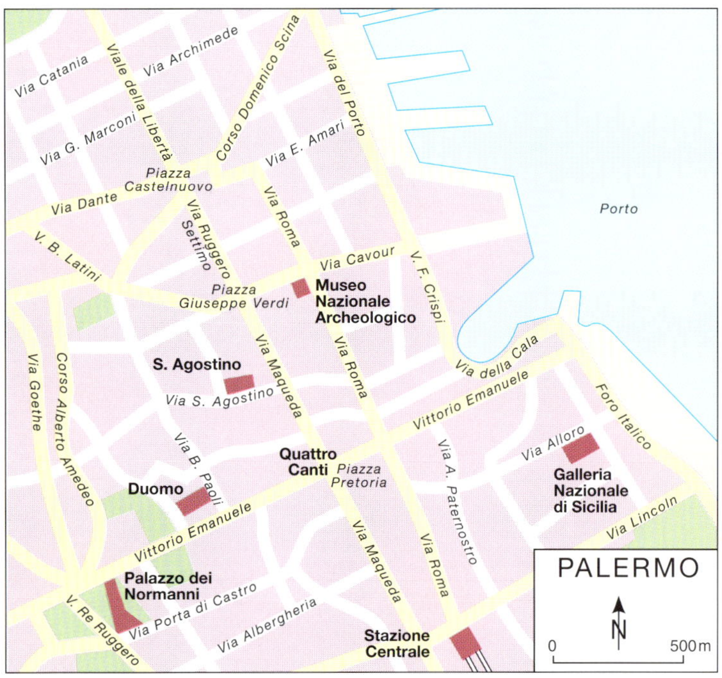

Die Highlights

TAORMINA

250 Meter hoch über dem Meer liegt Taormina. Seit der Jahrhundertwende machen hier Kaiser und Könige, Reiche und weniger Reiche Ferien; heute wird der zauberhafte Ort vor allem von Gruppenreisenden frequentiert. Taormina hat außer seiner nach wie vor herrlichen Aussicht auf die Küste und den Vulkan Ätna ein erstaunlich gut

Der Schnee täuscht: Der Ätna ist nach wie vor »heiß« und brodelt noch.

Taormina gehört zu den exklusiveren Urlaubszielen in Italien.

erhaltenes griechisches Theater zu bieten, in dem schon Goethe den Sonnenuntergang besang; hier finden an Sommerabenden Konzerte und Ballettabende statt. Die Hauptverkehrsstraße von Taormina ist heute Fußgängerzone und hat neben vielen Nippesläden auch Geschäfte mit reizvollem Kunsthandwerk aus Sizilien zu bieten.

ÄTNA

Dieser Berg ist der größte aktive Vulkan Europas und 3323 Meter hoch; zu seinen Füßen wachsen auf der fruchtbaren Lava Obst und Wein. Tausende von Menschen leben vom Plantagenanbau, immer bedroht von neuen Lavaflüssen und Lapillibomben. Man sollte nicht allein aufsteigen, denn der Krater birgt Gefahren; in fast allen Ortschaften unterhalb der Bergspitze stehen Führer für Gruppenbesteigungen zur Verfügung. Ganz besonders reizvoll sind Nachtbesteigungen und das Erlebnis eines Sonnenaufgangs.

CATANIA

Nachdem im 17. Jahrhundert ein gewaltiges Erdbeben die Stadt zerstört hatte, wurde sie im Barockstil neu errichtet. Ganze Straßenzüge bestehen nur aus Palästen und Kirchen. Die Via Ätna ist eine 3 Kilometer lange Prachtstraße, die schnurgerade vom Hügel hinab zum Meer führt. Fast alle Häuser sind aus schwarzer Lava errichtet worden, was Catania ein seltsam düsteres Antlitz verleiht. Sehr schön ist die Piazza del Duomo mit dem eigentümlichen Elefantenbrunnen.

SYRAKUS

Anders als das dunkle Catania erstrahlt diese antike Stadt in Weiß. In der griechischen Antike war Syrakus eine der wichtigsten Städte Großgriechenlands; davon zeugen ein riesiges griechisches Theater, der Steinbruch mit dem berühmten »Ohr des Dionysos« und frühchristliche Katakomben. Die Altstadt, die auf einer Halbinsel am Meer liegt, ist sehr malerisch. Auch ein Besuch bei der Fonte Ciane ist interessant; nur hier wächst in Europa der Wildpapyrus.

Schwarzer Lavaboden charakterisiert die Küste bei Taormina.

RAGUSA

Auch Ragusa ist das Ergebnis der Wiederaufbauarbeiten nach einem Erdbeben. Die barocke Altstadt ist umgeben von einer wilden und beeindruckenden Landschaft; von höher gelegenen Stadtteilen aus bieten sich herrliche Blicke auf Paläste und Kirchen, die – typisch für das Barock Siziliens – ungewöhnlich reich verziert sind.

PIAZZA ARMERINA
Die Villa Romana del Casale ist eine der interessantesten römischen Villen im Mittelmeerraum, und ihre Mosaiken zählen zu den schönsten der Antike. Man sollte einen Besuch an heißen Tagen vermeiden, denn hier im Landesinnern von Sizilien staut sich die Hitze sehr.

AGRIGENT
Auf einem Hügel gegenüber der häßlichen Neustadt erheben

Highlights der Mosaikkunst in der Villa Romana von Piazza Armerina.

sich die gigantischen Ruinen der griechischen Tempel. Das sogenannte Tal der Tempel umfaßt sechs antike Gotteshäuser. Hochschließendes Schuhwerk ist hier als Schutz gegen Schlangen unerläßlich.

MONREALE
Siziliens schönste Kirche aus der Normannenzeit findet sich in Monreale, in der Nähe von Palermo. Der Dom ist mit kunstvollen Mosaiken geschmückt, und besonders die Apsis zeigt den Einfluß der arabischen Kunst auf die sizilianische Baukunst des Mittelalters. Auch der Kreuzgang verbindet orientalische und europäische Einflüsse.

PALERMO
Die einst so stolze Großstadt ist heute arg heruntergekommen. Von der großen Vergangenheit erzählen der Palazzo dei Normanni und die Kathedrale, das Viertel Quattro Canti und die barocke Via Maqueda. Das historische Zentrum von Palermo fasziniert durch seine Mischung aus architektonischem Reichtum und malerischem Verfall.

SARDINIEN
Italiens zweitgrößte Insel lebt fast ganz vom Tourismus; aus diesem Grund muß man lange vorher buchen und tief in die Tasche greifen. Einige Küstenabschnitte, wie die berühmte Costa Smeralda, bestechen durch luxuriöse Villen, Traumhotels und phantastische Badebuchten. Man nehme hier ein Boot und mache eine Besichtigungstour an der Küste entlang. Schön ist auch ein Besuch der Isola di Sant'Antioco: Sie ist vulkanischen Ursprungs und bietet versteckte Badebuchten.

Tips für unterwegs

Man muß auf Sizilien vorsichtig fahren und darf nachts nie anhalten, auch wenn jemand an der Straße um Hilfe bittet. Das hört sich rücksichtslos an, aber viele Fremde haben ihre Näch-

Im Normannenpalast in Palermo.

stenliebe bereut und wurden bis aufs Hemd ausgeraubt; man sollte im Zweifelsfall lieber die

Die Costa Smeralda von ihrer schönsten Seite: Badestrand bei Romazzino.

Polizei im nächsten Ort benachrichtigen. Viele Straßen Siziliens sind reparaturbedürftig; reizvoll ist dennoch eine Fahrt quer durch das Innere von Catania nach Trapani: Der Wechsel der Landschaften ist einmalig. Das gleiche gilt (wenn auch in geringerem Ausmaß, denn die Insel ist kleiner) für Sardinien.

Rückkehr aufs Festland: Fähre von Olbia nach Civitavecchia.

SOUVENIRS
Ohne den süßen Dessertwein Marsala sollte man Sizilien nicht verlassen; man kaufe ihn nur direkt beim Winzer. In Caltagirone lebt man von der Keramikproduktion – das Angebot befriedigt die raffiniertesten Geschmäcker. Sardinien ist berühmt für seine Honigproduktion: Als ausgefallene Spezialität sollte man auf jeden Fall den »miele amaro« probieren, einen besonders bitteren Honig. Neben den zahlreichen empfehlenswerten Weißweinen ist auch der Likörwein »Monica di Sardegna« unvergeßlich gut.

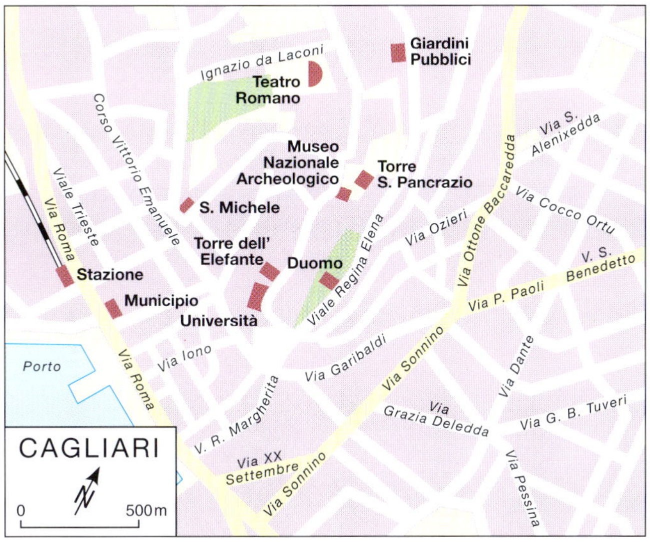

Die Costa Smeralda

Die 55 Kilometer lange Küstenlandschaft im Norden von Sardinien heißt wegen ihrer smaragdgrünen Gewässer Costa Smeralda. Die Schönheit dieser wilden Landschaft, die noch bis Mitte des 20. Jahrhunderts völlig menschenleer war und nur aus Buschwald und Granitgestein bestand, hat in den sechziger Jahren den Aga Khan veranlaßt, hier eine der exklusivsten Feriensiedlungen am ganzen Mittelmeer anzulegen; in Cala di Volpe, Porto Cervo und Baia Sardinia stehen heute die

Sommervillen des internationalen Jet-set. Luxuriöse Hotelanlagen, Parks, Golfplätze und ganze Dörfer wurden hier als »Renommierprojekte« und mit staatlicher Unterstützung in den letzten Jahrzehnten aus dem Boden gestampft, um die Scharen von sonnenhungrigen Urlaubern, die von Civitavecchia mit der Fähre nach Olbia übersetzen oder mit dem Flugzeug in Olbia oder Sassari landen, aufnehmen zu können. Doch selbst in den Tagen des Massentourismus ist der Urlaub an diesen teuren Gestaden nicht für jedermanns Geldbeutel geeignet: Die Costa Smeralda ist noch weit von einem zweiten Mallorca entfernt.

Land und Leute erfahren: Mit seinen kleinen Nebenstraßen eignet sich Italien wie kaum ein zweites Land für eine Entdeckungsreise mit dem Auto.

FI M05496

Menschen, Orte, Begriffe *Kursive Seitenzahlen verweisen auf Abbildungen*

Menschen

Orte und Begriffe

Vom Convento dei Cappuccini – früher Benediktinerkloster, heute Hotel – hat man einen zauberhaften Blick auf Amalfi.

Bildnachweis · Fotografen · Autor · Impressum

Bildnachweis
Frank Röhrich fotografierte die Routen 1, 2 und 3, Massimo Borchi die Routen 4 und 5, Joachim Hellmuth die Routen 6, 7 und 8.
Die restlichen Abbildungen stammen von:
Stefano Amantini/Atlantide, Florenz: SU vorne u., S. 7 o.r., 17 o., 20/21, 54 M.l., 55 M.l., 60 M.l., 63 M.r., 65 2.v.o.r., 86 r. (2), 88 M.l., 89 u., 90 u., 92 M. (2), 101 M.r. (2), 102/103, 106 o.r., 108/109 (8), 114 o. und u., 114/115, 115 u.l., 116 u., 117 u.l., 118 o.l. und u., 119 o., 146 (4), 146/147, 147 o.r. und u., 170/171, 172 u. (2).
Giulio Andreini, Siena: S. 16 o.l., 27 o.r. (2), 28 M.l., 30 M.l. und u.r., 31 u.r.
Archiv für Kunst und Geschichte, Berlin: S. 15 o., 18 u.r., 30 o.l.
Archiv C.J. Bucher Verlag, München: Freisteller Route 5, S. 28 M.r., 76 u., 77 u.r., 81 u.r., 92 u., 93 u.r., 119 2.v.o.r., 146 M.r., 147 M.r.
Hans-Joachim Arndt, Friedberg: S. 6 2.v.o.l., 22 o., 48/49, 52 o.l.
Artothek, Peissenberg: S. 12 o.
ASA Fotoagentur/W. Groth, München: S. 15 u.l.
Udo Bernhart, Langen: S. 44/45, 64 o., 117 u.r.
Bildarchiv Preußischer Kulturbesitz, Berlin: S. 15 u.r., 18 2.v.o., 19 o. und M.
Bilderberg/W. Schmitz, Hamburg: S. 74/75.
Massimo Borchi/Atlantide, Florenz: 26 M., 60 o., 63 u.
Guido Cozzi/Atlantide, Florenz: S. 21 u., 23 u.r., 25 u.r., 52 u.l., 54 o.l. und u.l., 55 M.r., 59 o.r., 60 u., 61 o.r., 64 u. (3), 65 o.r., 79 u.r., 80 M., 86 o., 87 o. und M., 88 u., 92 o., 94/95, 100 o.r., 110/111, 111 u.l., 172 o.r., 173 M.r.
Fondazione Negri, Brescia: S. 14 o.
Das Fotoarchiv, Essen: S. 17 u. (J. Scheibner), 23 o. (J. Tack), 25 o.r. (J. Meyer), 61 M.r. (E. Lansner), 98 u.r. (P. Hollenbach).
Zeno Diemer/Photo: Deutsches Museum, München: S. 16 M.r.
Markus Dlouhy, München: S. 22 M.l., 31 o.r., 52 u.r., 63 o.r., 89 M., 115 u.r., 173 M.l.
Reinhard Eisele, Augsburg: S. 25 M.u.
Fratelli Alinari, Florenz: S. 30 M.r.
Freie Film Kritik/Heiko Blum, Köln: S. 18 u.l., 19 u.
Max Galli, St. Moritz: S. 2/3, 6 o.l., 31 l., 32/33, 47 o.r., 50, 138.
Rainer Hackenberg, Köln: S. 23 M., 24 u.l., 28/29, 31 M.r., 38 o.l., 42 M.l., 42/43, 47 M.l., 71 o.r., 76 M.r., 77 u.l., 78/79, 79 M.l., 81 o.r., 124 M., 127 u., 140 u.l.
Dr. Michael Hannwacker, München: S. 38 u.r., 39 o.r.
Joachim Hellmuth, München: SU hinten, Freisteller für Routen 1, 3, 4, S. 4/5, 16 M.l. und u.l., 21 M.r., 28 o.l. und u.l., 29 o.r. und M.r., 30 u.l., 35, 36 o. und M., 37 r. (2), 46 o.l. und u.r., 53 o.r., 56/57, 58 (4), 58/59, 59 u.l. und u.r., 77 M.r., 89 o., 92 u.r., 93 o., 119 M., 129 o.r., 173 u., 174 (4), 175.
IFA-Bilderteam, Taufkirchen bei München: S. 12 u.l., 14 M., 43 M., 52 o.r., 62 u., 86 M.l., 110 u.r., 164/165.
Interfoto Pressebild Agentur, München: S. 14 u., 18 o.
Georg Kürzinger, München: SU vorne M., Freisteller für Route 5, S. 20 u.l., 21 o., 24 u.r., 24/25, 104, 105, 106 o.l., 107 M.l., 110 o. und u.r., 111 o.r.
Laenderpress, Mainz: S. 20 M., 111 M.r.
laif, Köln: Freisteller Route 3 (L. Caputo), 1 (C.Piepenburg), 40/41, 45 M., 161 u.r. (E. Eid)
Axel M. Mosler, Dortmund: S. 6 2.v.u.l., 26 u.l., 26/27, 27 u., 38 u.l., 44 l. (2), 45 r. (2), 66/67, 80 o.l., 84, 148 u.r.
Museo Nazionale, Cagliari: S. 164 u.r.
Vera Plückthun, München: S. 36 u.r., 37 l., 47 M.r., 90 o.
Frank Röhrich, München: S. 172 o.l.
Franco Soda, Rom: S. 23 u.l.
Su concessione del Ministero per i Beni e le Attività Culturali, Soprintendenza Mailand: S. 71 u.
Hubert Stadler, Fürstenfeldbruck: SU vorne Großbild, Vorsatz, S. 10/11, 20 M.l., 21 u.r., 24 o.l., 29 u.r., 97 M., 99 o., 100 u.l., 158 (3), 162/163, 164 o.l. und u.l., 165 r. (2) und u., 166/167 (7), 169 o.r. (2), 173 M.o.
StockFood/Eising, München: 44 u.r.
Teatro alla Scala/Lelli & Masotti, Mailand: S. 60/61
Martin Thomas, Aachen: S. 13, 20 o.l., 26 o.l., 42 u.r., 43 o.r. und u.r., 47 o.l., 51, 61 u., 62/63, 65 M. und u.l., 69, 70 u.l., 72 M., 80 u.l. und u.r., 117 M.r., 135 u., 156.
Ernst Wrba, Sulzbach: SU vorne o., S. 16 u.r., 22 u.r., 24 M.l., 34, 70 o., 101 o.

Alle Karten dieses Bandes zeichnete Theiss Heidolph, Eching am Ammersee

Vor- und Hintersatz:
Alberese, Maremma Nationalpark

Die Fotografen
Joachim Hellmuth studierte Kunstgeschichte und lebt und arbeitet als Bildredakteur und Fotograf in München.
Frank Röhrich ist nach Abschluß seiner Ausbildung an der Staatslehranstalt für Fotografie in München seit 1993 als selbständiger Fotograf tätig. Er ist Bildautor zahlreicher Bildbände.
Massimo Borchi, Mitglied der Agentur Atlantide, studierte Architektur; er fotografiert für internationale Reisemagazine und veröffentlichte zahlreiche Bildbände.

Der Autor
Thomas Migge, Politologe und Historiker, schreibt für verschiedene Zeitschriften und Magazine. Er ist Autor zahlreicher Bildbände und lebt seit zehn Jahren in Rom.

Wir danken allen Rechteinhabern für die Erlaubnis zu Nachdruck und Abbildung. Trotz intensiver Bemühungen war es nicht möglich, alle Rechteinhaber zu ermitteln. Wir bitten diese, sich an den Verlag zu wenden.
Alle Angaben dieses Bandes wurden vom Autor sorgfältig recherchiert und vom Verlag auf Stimmigkeit und Aktualität geprüft. Allerdings kann keine Haftung für die Richtigkeit der Informationen übernommen werden. Für Hinweise und Anregungen sind wir jederzeit dankbar. Zuschriften bitte an Südwest Verlag, Lektorat, Paul-Heyse-Straße 28, 80336 München.

Impressum
Konzeption: Axel Schenck
Lektorat: Barbara Imgrund, Vera Plückthun, Gesche Wendebourg
Bildgestaltung:
Joachim Hellmuth
Graphische Gestaltung:
Werner Poll
Bilddokumentation: Urte Ehlers
Herstellung: Angelika Kerscher, Gabriele Kutscha

Lithografie: Artilitho, I-Trento
Druck und Bindung:
Westermann Druck, Zwickau

Das Werk erscheint im Südwest Verlag. Der Südwest Verlag ist ein Unternehmen der Econ Ullstein List Verlag GmbH & Co. KG, München.

Printed and bound in Germany
ISBN 3-517-01919-4